幼儿园家长开放日
活动设计与实践指导

卢筱红◎主编

中国轻工业出版社

图书在版编目（CIP）数据

幼儿园家长开放日活动设计与实践指导/卢筱红主编. —北京：中国轻工业出版社，2014.2（2024.1重印）
ISBN 978-7-5019-9592-9

Ⅰ. ①幼… Ⅱ. ①卢… Ⅲ. ①幼儿园-教育活动-教学参考资料 Ⅳ. ①G613

中国版本图书馆CIP数据核字（2013）第290457号

保留所有权利。非经中国轻工业出版社"万千教育"书面授权，任何人不得以任何方式（包括但不限于电子、机械、手工或其他尚未被发明或应用的技术手段）复印、拍照、扫描、录音、朗读、存储、发表本书中任何部分或本书全部内容，以及其他附带的所有资料（包括但不限于光盘、音频、视频等）。中国轻工业出版社"万千教育"未授权任何机构提供源自本书内容的电子文件阅览、收听或下载服务。如有此类非法行为，查实必究。

责任编辑：吴　红　　　责任终审：杜文勇
策划编辑：高　君　　　责任校对：刘志颖　　　责任监印：吴维斌

出版发行：中国轻工业出版社（北京鲁谷东街5号，邮编：100040）
印　　刷：三河市鑫金马印装有限公司
经　　销：各地新华书店
版　　次：2024年1月第1版第7次印刷
开　　本：710×1000　1/16　印张：11.5
字　　数：90千字
印　　数：15001—17000
书　　号：ISBN 978-7-5019-9592-9　定价：25.00元
读者热线：010-65181109
发行电话：010-85119832　　010-85119912
网　　址：http://www.chlip.com.cn　http://www.wqedu.com
电子信箱：1012305542@qq.com
如发现图书残缺请拨打读者热线联系调换
232083Y1C107ZBW

编者名单

(按姓氏笔画排序)

主　　编：卢筱红

副 主 编：刘　懿

编写人员：卢筱红　左　玲　刘　懿　李洁莉

　　　　　邹　晖　肖永红　赵　雯　徐　萍

　　　　　曾　萍

前　言

"家园共育、家园合作",是古老而又永恒的话题。"重视家长工作,开展形式多样的家园合作、家园沟通活动"这一要求在我国许多政策性文件中均有所体现,其中家长开放日是家园合作共育的重要形式。它对教师、家长、幼儿有着深远而积极的意义。它不仅为家长深度了解幼儿园教育教学、观察幼儿在园的一日表现打开了一扇大门,也为教师引导家长积极参与幼儿园活动、指导其家庭教育行为提供了很好的契机,真正实现了家园沟通,形成共同促进幼儿健康、和谐成长的合力。

近些年来,各幼儿园根据幼儿的年龄特征,抓住节日教育契机,开展了多样化的家长开放日活动,使家长参与活动的积极性大大提高,并使其逐步成为幼儿园活动的参与者、组织者和支持者,实现了家园合作。但实践过程中真正关注家长开放日活动的质量和有效性的幼儿园则为数不多,更多的幼儿园仅停留在关注开放日形式的多样性、活动的圆满完成等表面现象上,对于家长开放日的实际意义、主题的适宜性、组织者策划的理念、幼儿和家长参与的程度、教师适度的指导和引导等问题没有作深入的思考和研究,以致许多幼儿园家长开放日活动的质量并未随着幼儿教育改革的深入而得到

不断提升。

要想真正提高幼儿园家长开放日的质量，活动主题策划和精心筹备是重要的工作环节。家长开放日主题的策划关系到幼儿园能否把办园理念有效地传递给家长，关系到家长能否理解幼儿园的教育教学工作，更关系到幼儿园与家庭能否建立一种平等、合作、互助的关系，以促进幼儿各方面和谐发展。家长开放日活动的有效开展需要幼儿园各方人员相互配合，共同组织和策划。为此，本书从当前许多幼儿园家长开放日活动中存在的问题入手，深入剖析组织者、实施者、参与者等各种角色在参与家长开放日活动中表现出来的问题，真正帮助一线幼儿园教师找到影响家长开放日活动质量和活动有效开展的症结所在。同时运用大量鲜活的幼儿园家长开放日活动案例系统地向一线教师介绍如何策划、筹备、实施和评价全园、年级、班级等不同层面的家长开放日活动，为广大一线教师科学有效地开展家长开放日活动提供很好的借鉴和参考。

本书十分重视案例的典型性、指导性与可读性，力求使一线教师能够从案例的描述与分析中得到某些启发，促使他们高度关注家长开放日活动的质量和有效性，真正实现通过家长开放日这一有效载体促进家长、教师、幼儿共同成长和发展的目的。

本书是各位编写者团队合作的结晶，具体的分工为：导言和第六章由刘懿、卢筱红编写；第一章、第二章、第五章由赵雯、李洁莉、曾萍编写；第三章、第四章由左玲、徐萍、邹晖、肖永红编写；全书由卢筱红统稿。本书也参阅和选入了一些幼儿园的家长开放日活动案例，特在此一并致谢！

由于时间比较仓促，加之编写者的水平所限，书中的缺点和错误在所难免，恳请广大读者给予批评指正。

卢筱红

2013 年 10 月于江西

目 录

导　言　幼儿园家长开放日活动概述 ·· **1**
　　一、什么是幼儿园家长开放日 ··· 1
　　二、家长开放日的意义 ·· 2
　　三、家长开放日的特征 ·· 9
　　四、家长开放日的形式 ·· 11
　　五、家长开放日的内容 ·· 16

第一章　家长开放日活动存在的问题及对策 ··································· **21**
　　一、园长在家长开放日活动中存在的问题及对策 ··················· 21
　　二、教师在家长开放日活动中存在的问题及对策 ··················· 30
　　三、幼儿在家长开放日活动中存在的问题及对策 ··················· 38
　　四、家长在家长开放日活动中存在的问题及对策 ··················· 40

第二章　家长开放日活动的类别 ··· **49**
　　一、根据时间频率划分 ·· 49
　　二、根据年龄阶段划分 ·· 50
　　三、根据开放内容划分 ·· 51

第三章 家长开放日活动的筹备工作 ···········79
一、管理者的准备工作 ···········79
二、带班教师的准备工作 ···········83

第四章 家长开放日活动方案制定和调整 ···········89
一、全园性家长开放日整体活动方案制定和调整 ···········89
二、班级家长开放日活动方案制定和调整 ···········99

第五章 家长开放日活动实施过程中的指导 ···········117
一、幼儿园小班家长开放日活动的指导 ···········118
二、幼儿园中班家长开放日活动的指导 ···········127
三、幼儿园大班家长开放日活动的指导 ···········135

第六章 家长开放日活动的评价 ···········151
一、评价的主体 ···········152
二、评价的内容 ···········158
三、评价的原则 ···········162
四、评价的方法 ···········165

参考文献 ···········173

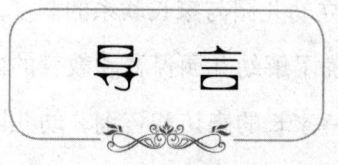

幼儿园家长开放日活动概述

幼儿园家长开放日是幼儿园与家庭合作共育的重要形式之一，它对幼儿园、教师、家长和幼儿都有着深远而积极的意义。那么，与幼儿园平时的活动相比，家长开放日具有什么特征、形式和内容，它所发挥的独特作用是什么呢？这一系列的问题均值得幼儿园工作者进行深入探究。

一、什么是幼儿园家长开放日

幼儿园家长开放日，是指幼儿园通过每学期定期向家长开放班级一日或半日教育教学活动，让家长从整体上了解自己孩子在幼儿园的表现以及幼儿园教育教学的内容与方法，实现家园共育的一种方式。家长开放日活动的本质是幼儿园发起的教师和家长之间的一种互动，是幼儿园家长工作的一种常见形式，也是家园沟通的一种重要手段。

1996年，原国家教委在《幼儿园工作规程》（以下简称《规程》）中明确指出："应建立幼儿园与家长联系的制度。幼儿园可采取多种形式，指导家长正确了解幼儿园保育和教育的内容、方法，定期召开家长会议，并接待家长的来访和咨询。幼儿园应认真分析、吸收家长对幼儿园教育与管理工作的意见与建议。幼儿园可实行对家长开放日的制度。"《规程》的颁布，使我国幼儿园家长开放日从此走上了制度化、法制化的轨道。

家长开放日活动是幼儿园和家庭联系的一种方式，能够加深家长对教师、幼儿的了解，加强家长和教师、幼儿之间的联系，密切家园之间的伙伴关系。家长开放日为教师与家长在同一时间和空间范围内共同近距离地观察和了解幼儿提供了平台，能帮助家长了解幼儿教师的教育教学水平，从而更新家长的教育理念，促使家长在教育要求和方法上尽量与幼儿园保持一致；同时，有利于教师和家长发掘评价幼儿发展的共鸣点，促进教师、家长和幼儿的共同成长。

幼儿园家长开放日是幼儿园在特定的时间里向家长开放园内外的各种教育活动。这种开放，从时间上讲，包括每天开放、每周开放、每月开放、每学期开放；从形式上讲，包括家长观教、家长参教、家长助教、家长执教、家长评教；从效益上讲，包括幼儿园获益、家长获益、教师获益、幼儿获益。

二、家长开放日的意义

家长开放日既是连接幼儿园与家庭的桥梁，又是维系教师与家长情感的纽带。实践证明，家长开放日是实现家园共育的有效途径。

（一）家长开放日对于幼儿园的意义

举办家长开放日活动，对于幼儿园有着非常积极的意义，表现在以下三个方面：

1. 宣传科学的教育理念，矫正传统偏见

由于长期受应试教育和传统观念的影响，一些家长望子成龙、望女成凤心切，总希望幼儿园能多教给孩子几个汉字，多让孩子做几道算术题，并以此来评价幼儿园教学质量的优劣和教师教学水平的高低，这与现代教育理念和幼儿教育的要求格格不入。

幼儿园的教学内容以基本生活常识、行为与卫生习惯、语言学习、数学与科学启蒙、简单的音乐和美术活动为主，多以生动形象的画面、简单的操作演示和游戏呈现给幼儿，以适应学前阶段幼儿生理、心理发展的特点和规律。

因此，幼儿园要抓住开放日的有利时机，向家长宣传现代教育理念和现代科学育儿的有关知识和具体方法，让家长了解小学化的幼儿教育行为造成的严重危害，矫正传统偏见。

2. 因人而异，指导家长，帮助家长树立现代育儿观

幼儿园不仅要以促进幼儿健康、认知、社会、情感和个性的全面和谐发展为教育目标，而且要让幼儿学会生活、学会学习、学会做人、学会做事。

在家长开放日活动中，对于要求严格、期望值高、急于求成的家长，幼儿园要多向他们解释幼儿教育的特点，介绍成功的教育方法；对于对孩子教育不太关心，把教育孩子的任务完全交给教师的家长，幼儿园要向他们宣传家庭与幼儿园配合教育的重要性及科学育儿的知识；对于虚荣心较强、脾气暴躁、随意指责孩子的家长，幼

儿园要提醒他们多关注孩子的优点和长处，委婉地指出孩子的不足；对于宠爱、放任孩子的家长，幼儿园要向他们详细介绍孩子在集体生活中的表现，帮助他们树立正确教育孩子的思想观念，改变教育孩子的不良做法。

（二）家长开放日对于家长的意义

举办家长开放日活动，可以帮助家长更好地了解幼儿园，了解幼儿，有利于亲子沟通和家园沟通，具体表现在以下五个方面：

1.进一步了解幼儿园，更好地配合幼儿园教育

家园合作共育的坚实基础是彼此了解、相互信任，而家长开放日活动则能增进双方的了解和信任。

在家长开放日活动中，家长通过直观的方式，不仅可以了解幼儿园的文化和教育理念、课程设置、师资水平等"软件"情况，还可以了解到幼儿园的办园条件、环境以及幼儿在园的活动表现、教师工作情况。

幼儿园通过一日活动向家长展示幼儿园的一日生活，当家长看到自己的孩子在温馨、舒适的环境中成长，了解了教师工作的烦琐和辛苦，他们心中的那份信任感就会油然而生，同时也能加深对幼儿园教育工作的理解。这样，幼儿园也就赢得了家长的尊重和信任，为家园合作架起了桥梁。

2.深刻理解幼儿的成长，更好地教育孩子

重视亲情是人格健全的基本特征。然而随着竞争压力的加剧，许多家长忙于工作，将孩子完全交付给幼儿园，忽视与孩子一起学习、游戏的经历，使得孩子与父母之间缺乏交流、亲情淡漠。因此，对幼儿进行亲情教育，加强亲子之间的互动显得尤为重要。

幼儿园是幼儿生活、学习的主要场所,理应为增强家长与孩子之间的交流与沟通创设平台。于是,家长开放日成为实现这一目的的最佳形式。幼儿园通过组织形式多样、内容丰富的活动,鼓励家长与孩子共同参与,加深亲子情感,增进彼此之间的了解,以弥补家长与孩子之间缺失的经历。家长开放日因此成为亲子间交流的契机与舞台,这也正是家长开放日活动的价值之一。

此外,教育孩子的前提条件是正确地认识孩子、了解孩子。家长开放日活动能使家长具体、直观地了解孩子在幼儿园的生活及表现,为家长配合幼儿园教育创造了条件。

3. 加强与其他家长的交流

在开放日活动中,家长们在教师的组织下一起活动、讨论,共享科学育儿知识和经验,相互借鉴教育方式,这样,既有助于改善自己的家庭教育水平,又有利于和幼儿园同向、同步地教育孩子。

4. 增进与教师的沟通,从内心尊重教师

知之深才能爱之切,家长通过来园观看教师布置的环境、组织的活动,与教师互动和交流,感受到教师工作的辛劳,增加对教师的敬爱之意。

5. 增强自信心,积极参与幼儿园活动

家长身上有许多值得幼儿园教师学习的地方。教师只要用心地去挖掘,就能让家长资源成为幼儿园教育教学的优质资源,形成家园一体的教育合力。

在家长开放日的准备和实施过程中,教师邀请家长参与,能增强家长对自己、对幼儿园的信心,使他们认识到自己对教师的帮助作用,提高参与教育的水平。同时,也能提高家长的自我价值感,增强他们当家长的信心,从而更有效地同幼儿交流。

（三）家长开放日对于幼儿的意义

在家长开放日准备和实施过程中，幼儿的社会性、语言、动作、思维、情绪情感等都能得到进一步发展。

1. 促进幼儿社会性发展

《幼儿园教育指导纲要（试行）》（以下简称《纲要》）中"社会领域"指出："社会学习是一个漫长的积累过程，需要幼儿园、家庭和社会密切合作，协调一致，共同促进幼儿良好社会性品质的形成。"当幼儿离开家庭，迈入幼儿园这一陌生的环境时，其生活、学习的场所就已发生转变。《纲要》指出："幼儿与成人、同伴之间的共同生活、交往、探索、游戏等，是其社会性学习的重要途径。"幼儿园应为幼儿提供人际间相互交往和共同活动的机会和条件，并适时加以指导。而家长开放日活动可以加强师幼、幼幼之间的交往，带给幼儿社会性体验，并且让幼儿在活动中习得社会规则、获得交往技巧，进而促进幼儿社会性的发展。

此外，成人对儿童的关注越多，儿童的成就水平就越高。在开放日活动中，当幼儿看到家长和教师一起为他们工作时，他们会有被重视的感觉，从而更好地表现自己。

2. 有助于幼儿多方面能力的锻炼、提高

在家长开放日活动的准备和实施过程中，幼儿的主动性和活动水平都会高于平时，幼儿的动手操作、语言表达、学习探究、注意、自控等方面的能力都会得到锻炼、提高，但不同年龄阶段开放日活动的侧重点是不同的。

比如，在托班的开放日活动中，教师可以安排学习活动"我们都是好朋友"，这有利于培养幼儿喜爱幼儿园的情感；针对小班幼

儿生活自理能力较差的特点,在第一学期教师可安排幼儿动手能力汇报活动;中班幼儿交往及合作能力有了很大的提高,以"快乐的区角游戏"为主题的开放日活动,能让家长体会"幼儿在游戏中学习"、"在操作中学习"的重要,能帮助家长树立正确、科学的育儿理念;在大班的家长开放日活动中,教师可以安排学习活动"整理书包"、"我想上小学",这有利于幼儿做好进入小学的准备。

3. 有利于幼儿健康成长

幼儿园应该多向家长开放活动,以增强与家长的互动和理解,优化儿童成长的环境,增强教育的一致性,促进儿童的健康发展。

幼儿园在设计家长开放日活动的主题时,应从儿童的家庭和社区的实际情况出发,考虑到儿童家庭的结构、生活条件、文化背景,反映儿童的生活环境、知识经验和近期发生的社会事件。

幼儿园在选择家长开放日活动的内容时,应循序渐进,不断扩展儿童认识世界的范围,从小班到中班再到大班,活动的内容应该从儿童自身和家庭发展到同伴和幼儿园,再发展到社会人士和社区;从重在表现儿童的生活到重在表现儿童的游戏,再到重在表现儿童的学习;从做好幼儿园与家庭的联结到做好幼儿园与小学的衔接,使儿童能顺利地从自己的内部世界走向外部世界,不断提高适应能力。

幼儿园在安排家长开放日活动的场所时,不仅要考虑到班级、幼儿园等园内场地,还要考虑到家长工作场所、社会机构、社会场所等园外场所,以充分发挥不同场所在儿童成长中独特的教育作用。

在开放日活动中,幼儿会形成积极的学习态度和行为,而这些会让幼儿受益终身。

（四）家长开放日对于教师的意义

家长开放日活动是幼儿园平日工作的缩影，而教师素质的高低决定着开放日活动的质量和效果，同时对教师来说也是一个很好的学习和成长的机会。

1. 帮助教师深入了解幼儿，树立科学的儿童观

幼儿是一个社会的人，教师要维护幼儿作为人的基本权利，遵循幼儿身心发展的规律，承认个体差异，因材施教，正确对待幼儿，使幼儿健康成长。

2. 全面锻炼教师的工作能力，有助于教师更好地完善自我

幼儿园家长开放日活动能促使教师把压力转化为动力，不断提高自己的教育水平和指导能力。

每次开展活动，教师们既要精心设计活动方案、准备教具，又要通知家长、告诉幼儿，同时还要面对众多家长组织活动……而每位家长又都密切关注着自己的孩子，看教师对孩子的态度如何，看教师怎样组织教育活动。因此，家长开放日活动对教师的专业素质和专业水平都是一个考验。教师必须提高自己的教育教学技能，包括了解幼儿、创设环境、设计活动、组织活动、与家长交往、协调沟通、宣讲咨询等。教师们只有具备扎实的业务素质，才能组织好家长开放日活动，而这无形中促使教师们加强学习，提高自己的业务水平，促进自己的专业成长。

3. 赢得家长对教师工作的理解，提升家长对教师的评价，有利于教师与家长形成良好的关系

教师更希望通过家长开放日活动让家长了解幼儿园的活动内容，争取家长的支持与合作。幼儿园家长开放日活动，为教师和家长彼

此了解、分享、合作提供了时机。教师不仅可以调查了解家长的兴趣和需要，还可以邀请家长来园分享才能，共同安排其他活动的时间。家长开放日活动是教师和家长交往的重要途径，为教师与家长建立良好的关系奠定了基础。

教师和家长之间的关系是一种"伙伴关系"，在这种伙伴关系中，每个人都应受到尊重。相比而言，家长比任何人都更加了解自己的孩子，而教师则了解许多不同的儿童，教师有关于儿童发展、儿童教育的专门知识，因此只有当教师和家长把他们的优势链接起来的时候，合作才能成为现实。

三、家长开放日的特征

家长开放日活动和幼儿园平时的活动相比，具有以下几个特征：

1. 家长、教师、幼儿三者互动频繁

家长开放日最主要的目的是让家长了解幼儿园的半日或一日活动，让家长从一点一滴中了解孩子在集体中的表现，了解教师在活动中的情况，包括教师的调控能力、言谈举止和执教能力。

其他形式的家长工作，如家长沙龙、家长会等，都是教师和家长在互动，且家长往往是听众，与教师交流少；家长开放日活动则是教师和家长、孩子三者之间的互动，而且三者互动频繁。

2. 幼儿表现欲强烈

在家长开放日活动中，因为家长的参与，很多幼儿表现出"人来疯"的现象。即使平常不爱发言的小朋友，在开放日这一天也可能会踊跃发言、积极表现。

3. 家长参与，直观面对

现在幼儿园开放日活动更多的是鼓励家长参与到班级活动中来，比如邀请某些家长结合自己的职业特点给幼儿讲课。家长开放日活动给家长的是直接经验，能帮助家长了解孩子在幼儿园的情况，让家长零距离地了解教师的教学方法，解除疑惑，并配合教师。家长也可以效仿教师的教学方法，借鉴教师的教育方式。

4. 幼儿园对自己要求更高

教师在设计开放日活动内容的时候，为了让每个幼儿都动起来、都有所表现，活动的准备、设计、环境布置和材料投放就要比平常更加充分一些，更花心思一些，这对教师的组织能力提出了更高的要求。

幼儿园在向家长开放活动前，通常都会分年龄段举办专门的教研活动来进行研讨。研讨的内容主要包括：向家长传递什么样的信息，选一个什么样的活动对家长进行开放，用什么样的形式来呈现，幼儿园特色项目、特色课程以及孩子发展特长如何展示，等等。

家长开放日活动最能体现一所幼儿园的整体水平，因此在开放活动当天，幼儿园的所有人员所表现出来的行为，包括他们当时的状态，都要能最佳地体现幼儿园的办园思想、办园特色和幼儿园的风采。

5. 幼儿园更关注家长的需求

平时向姐妹园开放活动，幼儿园更多的会考虑教育理念与观念的落实、幼儿的活动是否做到了动静交替、是否注意了不让幼儿等待等问题，考虑孩子自身的生活经验、教学活动的连续性、课程的平衡比较多。

但在家长开放日活动中，幼儿园考虑的是不要漏掉任何一个孩子,要让家长耳闻目睹孩子在幼儿园的表现和幼儿园的教育教学活动。

总而言之,家长开放日活动与其他形式的家长工作相比,其优势在于:把幼儿园的教育教学活动直观地呈现在家长的面前,让家长有多种机会观察孩子的表现;让家长和幼儿参与到教师组织的教育教学活动中,实现教师、幼儿、家长之间的多向沟通和互动。

需要说明的是,家长开放日活动和平时的活动相比,最好是没有区别。小朋友表现怎么样,教师表现怎么样,应该是真实的,要让家长了解幼儿园的教育常态和孩子各方面常态的发展。

四、家长开放日的形式

家长开放日的形式多种多样,一般来说,幼儿园通常采用环境参观、家长观教、家长助教、幼儿成果展示、教科研成果展示、亲子活动、节庆活动等几种形式。每种形式,有其不同的作用,幼儿园或教师可根据园所特色、节庆、教学主题、班级幼儿年龄特点等因素来选择。

1. 环境参观

幼儿园应重视发挥环境这一教育资源的潜在价值,合理创设与利用幼儿园的各种环境,使家长感受到参与开放日活动的温馨和舒适,了解幼儿园的办园理念和办园特色,进而放心幼儿的学习与生活环境,树立对幼儿园保教的信心。

(1) 幼儿园环境。幼儿园在布置家长开放日活动环境时,要从细节入手,创设洁净、温馨、舒适的园所环境;要营造出欢迎家长来园、鼓励家长参与的浓郁氛围,让家长愿意进入和逗留;要让家长感受到园方对他们的参与很重视，感觉到他们的参与是很有价值的；管理人员及每一位教职工的言行举止及与家长交流的方式，都要传递出热情、欢迎的信号。

(2) 班级环境。教师应从家园合作共育的高度，来对待家长开放日活动的班级物质环境布置，使班级的每一个角落都散发着欢迎家长光临的气息，并给家长提供活动的详细信息和参与要领。除此之外，教师还要重视班级心理环境的创建。当家长参观访问班级时，教师应做好以下事项：

- 欢迎家长，感谢他们的到来；
- 发给每位家长一张信息表，上面写着欢迎词，并告诉他们在班级可以做些什么；
- 请家长挂好外套，自由地观察孩子或和孩子一起活动；
- 给愿意承担任务的家长分派一些任务；
- 邀请家长加入幼儿的游戏，因为幼儿喜欢他们的参与；
- 不时询问家长是否感到舒适，以确保家长在班级感到开心；
- 当家长离开时，感谢他们的参与，强调他们的参与对班级和幼儿来讲是多么地重要。这样，家长就会觉得更舒服，教师就会觉得更轻松，幼儿就会获益更多。

2. 家长观教

家长旁观教师的教育教学活动往往是开放日活动的主要形式。家长观教的主体是教师，因此教师要精心设计活动，做好活动前的相关准备，控制活动的进展情况和家长观摩的效果，而家长只要按照教师预设的程序了解活动过程的整体效果即可。

家长观教包括现场观教和录像观教两种。现场观教，是指观摩的内容为教师的现场操作，其特点是家长能够根据自己的需求，客观真实地选择观察活动的重点，了解活动的全过程，比如家长观摩各类常态教学活动等；录像观摩，是指观摩的内容为教师教育过程的录像，其特点是让家长能够聚焦教育的重点，有针对性地进行观察，比如针对家长对于区域游戏的观摩，教师就可以采用录像观教的手法，这样有利于集中展示孩子在区域中的典型表现。

幼儿园一日生活丰富多彩，包括教学、游戏、生活、体育等活动。然而，现阶段仍主要以教学活动展示为主要观摩内容。造成这一结果的原因，可能有以下两点：

（1）受幼儿教育传统的影响。新中国成立以后，我国幼儿园教育受到前苏联幼儿教育理论和实践的影响，教学活动被摆到了至高无上的地位，打破了幼儿园教育活动均衡性的局面。

（2）受家长教育观念的影响。自20世纪80年代我国实施独生子女政策以来，家长格外重视教学活动，加上各种升学考试的压力，"不让孩子输在起跑线上"的心态愈演愈烈，很多家长认为"孩子在幼儿园不应该玩耍，应该好好学习"，这一价值取向制约着幼儿园的活动，特别是在家长开放日这一天表现得更加淋漓尽致。为了赢得家长的信任，令家长满意，很多幼儿园都倾向于迎合家长的需要，因而更多的是让家长观看教师的教学活动和孩子的学习活动。

3. 家长助教

家长助教，是指家长以教育者的身份参与到教师设计的活动当中，以配合者的身份帮助教师进行活动前的准备，帮助教师指导幼儿，配合教师完成教育活动的各个环节，和教师一起共同完成开放日活动的目标，并和教师共同评价与整理资料等。

在全面了解各位家长的兴趣、特长、工作性质的基础上，聘请

家长做"教师",能最大限度地唤醒家长的主人翁意识,使其成为开放日活动的积极参与者。比如,可以请当警察、当医生的爸爸妈妈来给孩子们解答疑问,让擅长种植、养殖的爸爸妈妈来教孩子们培育植物、饲养小动物,等等。

现在的年轻家长,不再把教育看成是幼儿园单方面的事情,他们意识到自己的角色和地位。因此,幼儿园可以用正确的教育理念来影响、指导家长们参与、组织幼儿园的活动,让幼儿园的家长开放日活动更精彩。

比如,在家长开放日举办的主题活动"好喝的牛奶"中,教师请在牛奶厂工作的家长,带来牛奶生产过程的视频和牛奶营养分析的动画,让幼儿欣赏,还教孩子们亲手制作果味酸奶。活动过后那些不爱喝奶的孩子也尝试着喝了,活动效果胜过教师和家长无力苍白的说教。家长也很认可这种活动形式,纷纷表示愿意来园做助教。

幼儿园在挑选家长开放日活动的帮手时,要尊重家长的意愿,满足家长的需要,关注家长的兴趣、爱好、技能、特长,考虑家长的学历、职业、文化背景和价值取向,积极与家长沟通、合作、分享,以形成良好的伙伴关系。

4. 幼儿成果展示

幼儿成果展示,即"幼儿学习成果展览与汇报会",是幼儿园向家长展示孩子在一定时间内的学习表现和成果作品。幼儿成果展示的形式可以分为静态展示和动态展示,静态展示包括作品展示和过程图片展示,这种展示的特点就是全面性,易于家长进行全面的比较和分析,得出孩子在集体中所处的水平,如美术作品展、活动流程展等;动态展示包括各类表演、游戏的现场展示,这种展示易于家长进行个案的跟踪记录与分析,易于家长找出教育的有效策略,如才艺展示、特长展示等。

教师要引导家长学会审视、评价幼儿的作品，懂得从幼儿的角度来阅读、理解他们在艺术活动和其他作品中所表达的内心世界，了解幼儿的认知能力，以便更好地为幼儿的成长和发展提供支持和帮助。

5. 教科研成果展示

在开放日活动中，教师可以向家长展示幼儿园的课改经验、科研成果、办园特色等。这样的展示活动有助于家长深入了解幼儿园，并与教师合作，有针对性地培养孩子。

6. 亲子活动

亲子活动，是指由教师负责组织，亲子组合共同来完成目标的活动，如亲子运动会、亲子制作活动、家庭小品赛、亲子健美操等。

亲子活动的组织形式比较多样，既有生活性较强的郊游活动，又有专业性较强的领域亲子学习活动；既有社会性较强的社区参观活动，也有娱乐性较强的节日活动。其目的在于教师现场指导家长科学育儿，使家长在与幼儿共同活动的过程中获得亲子合作和互动的经验。

7. 节庆活动

教师还可以把节日庆祝活动作为家长开放日的内容，即邀请家长参与幼儿园组织的节日庆祝活动，让家长在庆祝活动中学习怎样寓教于乐，如"庆祝元旦——亲子运动会"、"父亲节——我爱爸爸"、"母亲节——我爱妈妈"等活动。

家长开放日活动只要安排得科学合理，形式可以多样化。根据班级的特点和家长的需求，可以是教师上课与家长助教活动相结合，还可以是园外的社会实践活动或者园内的亲子游戏。

只要幼儿园把家长的教育资源充分利用起来，开展内容丰富、形式多样的半日或一日活动，家长就会热情地参与幼儿园的活动，并能出谋划策，积极互动。这样不仅能提高活动的质量，还能增进家长与孩子、家长与教师的感情。

五、家长开放日的内容

家长开放日活动的内容，就是让家长看什么、了解什么。教师不仅可以依据开放日的主题或是园所的教学特色来选择内容，还可以根据家长的需求来确定开放内容。无论从哪个角度来选择开放内容，都必须注重与幼儿的生活经验、现实世界相结合，体现活动内容的综合性、整体性。

1. 幼儿园环境

幼儿园的办园条件是家长选择幼儿园时首先关注的因素，也是家长开放日的基本内容之一。家长不仅要看幼儿园的园舍、户外活动场地、各班的活动室、寝室、各种功能活动室、厨房、餐厅等这些场所的环境、设施、功能，也关注幼儿园环境的安全、卫生、健康、舒适和童趣化。

幼儿园在布置家长开放日活动的环境时，要把教育内容蕴藏其中，让"墙壁说话"，体现趣味性。通过创设与教育相适应的良好环境，并合理地加以利用，充分发挥环境这个教育资源的重要作用。同时，还要营造出欢迎家长来园、鼓励家长参与的浓郁气氛。幼儿园物质环境的布置反映了保教工作者对家长的一种态度。家长参与以及教师和家长交往的必要条件就是家长出现在幼儿园里。因此，幼儿园所布置的物质环境应该能邀请家长、鼓励家长进入和逗留。

美国早期教育专家舒尔茨、洛佩斯和霍伯格（1996）认为，"应该把幼儿园的物质环境创设成一种欢迎家长，使家长成为参观者、观察者和参与者的环境"。

美国学者康斯坦丁努（2003）也指出，家长走进幼儿园时的感觉是至关重要的，因为它直接影响到幼儿园和家庭之间的关系的建立，而这种关系又是有效的家庭参与学校所必需的；为了使家长感受到被幼儿园欢迎的信息，幼儿园要从各个方面加以反思：幼儿园的入口处表现出欢迎所有的家庭了吗？幼儿园入口处的标识分明、易于理解吗？停车场的标识明确、易于理解吗？残疾人入口处清晰、易行吗？幼儿园园里干净、整洁吗？家长觉得幼儿园安全吗？幼儿园建筑物有易于理解的方向标识吗？幼儿园有一个舒适的接待家庭的地方吗？幼儿园有家庭中心吗？所有的家庭都能见到幼儿园的管理者吗？

2. 幼儿园文化

幼儿园文化是一种具有幼儿园核心价值和灵魂价值的文化形态，它凝聚着幼儿园的品质、精神、智慧、思想、信念、信仰。在家长开放日活动中，正好可以向家长展示幼儿园领导的工作作风、幼儿园积淀的文化精神、学术探索形成的风气和氛围。

3. 幼儿园课程

在家长开放日活动中，教师通常会向家长展示幼儿园的课程体系、课程特点、教材选用、教育方式等。

4. 幼儿园师资

幼儿园在展示课程的同时，也展示了幼儿园的师资力量和水平。幼儿教师管理班级的能力、教育经验、教学风格、教学技能、专业知识等，都被家长尽收眼底，甚至园长的决策能力、教研组长的科

研能力也能体现出来。

5. 幼儿成长

家长来参加开放日，最关心的是幼儿的成长情况，他们要看自己的孩子在幼儿园的状态和收获。这就需要幼儿园通过家长开放日向家长全方位地展示幼儿成长的各个方面，特别是幼儿的非智力因素，如好奇心、良好的情绪状态、意志品质、交往能力等。要让家长看到孩子的成长变化，理解课程对幼儿成长的促进作用。

6. 幼儿教育观念、方法

幼儿园可以直接或间接地向家长传播先进的、科学的幼儿教育观念和方法。比如，家长亲身体会到幼儿教师是用什么样的方法让幼儿有效学习的，明白学前教育阶段最主要的学习方式就是"在玩中学"，帮助家长树立正确的幼儿教育价值观。

家长开放日活动应该放在周末进行，以便幼儿的父母能有时间来参加。家长开放日活动可以对家长随时开放，但应有所限制，以避免家长干扰教师的工作。

总的来看，幼儿园举办家长开放日活动，一方面要满足家长的需要，另一方面还应防止家长的干扰。为了满足家长的需要（如了解孩子、了解幼儿园），可通过丰富开放日活动的内容和形式、改变开放日活动的时间（如放在双休日）、培训家长等手段来实现。为了防止家长的干扰（如干扰孩子、干扰教师），可以通过现代科学技术（如在班级安装摄像设备）、规范家长的言行来实现。

美国一些高校（如亚里桑那大学、匹兹堡大学等）附属幼儿园，都在儿童活动室旁边，设置了一个小小的观察室或观察窗，家长来访时，如果想看到孩子在班级的真实表现，就可以坐在观察室里或站在观察窗旁进行观看；如果想进入班级观看孩子，和孩子一起玩，也可以走进班级,坐在孩子身边,和孩子一起活动。这些做法可以为我国幼儿园今后的家长开放日活动提供一系列参照。

附:家长开放日活动安排表

大班家长开放半日活动安排

时间	环节安排	具体内容	关于家长关注点的建议
7:30—8:10	晨间区域活动	预设活动:自制小书《各行各业》、《美丽的农庄》、《小厨师》、《交通警察》 重点观察:自制小书《各行各业》	1. 能否专心操作材料、爱惜玩具并能够正确使用 2. 能否遵守活动规则,用自然的声音交流,尽量不影响别人活动
8:10—9:00	晨间户外锻炼	自由活动:提供铁环、皮球、绳子、沙包、毽子等材料供幼儿自由选择 重点观察:玩绳子 集体游戏:小蚂蚁过河、套圈	1. 能否认真倾听教师提出的活动要求 2. 能否认真地参与早操活动,动作基本到位 3. 能否按照教师的要求适当控制运动量
9:00—9:15	早点	1. 洗干净双手后取饼干和牛奶,安静就餐 2. 餐后主动收拾桌面、地面卫生,擦嘴漱口,安静进行自由活动 3. 值日生在教师的提醒下完成值日工作	1. 能否较快地盥洗,做事不磨蹭 2. 吃点心时不大声说笑 3. 是否能吃完自己的一份点心
9:15—10:25	学习活动	1. 重要的食品保质期(重点领域:科学) 2. 小小建筑师(重点领域:艺术)	1. 能否专心听讲,听懂老师的要求,按照老师的要求活动 2. 语言表达是否流畅、丰富 3. 能否安静倾听他人说话 4. 活动中能否遵守规则,认真进行活动

续表

时间	环节安排	具体内容	关于家长关注点的建议
10:25—11:15	游戏活动	自主游戏（预设游戏主题）：创意空间、贝贝发屋、快乐现场、照相馆 重点观察：创意空间	1. 能否礼貌地与同伴交往，融洽地与同伴合作 2. 是否愿意与同伴分享玩具 3. 用过的材料是否能放回原来的地方
11:15—11:45	午餐	1. 安静地等待教师分饭 2. 愉快地吃完自己的一份饭菜，并主动要求添饭 3. 餐后收拾餐具，漱口、擦嘴 4. 值日生在教师的提醒下完成值日工作	1. 能否愉快地吃完自己的饭菜，不挑食 2. 能否主动要求添饭 3. 能否将自己的桌面、地面收拾干净
温馨提示		1. 请您给自己的孩子独立学习的机会，您只需对照各环节的"家长关注点"安静观察孩子，并适当记录 2. 为了避免分散孩子的注意力，请您将自己的手机调至振动状态，拍照尽量选择适宜的时间（如自由活动、操作活动等） 3. 请您对我们的活动提出宝贵的意见和建议	

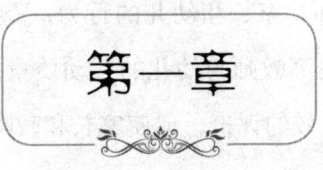

家长开放日活动存在的问题及对策

在家长开放日活动中,园长和教师代表着"教"的一方,家长和幼儿代表着"学"的一方,这教学双方在家长开放日活动中需要有也必定会有全方位、多层次的交流互动;而教学双方内部,园长与教师之间、家长与幼儿之间,也肯定会有形式各异的交流互动。这些交流互动进行得好还是不好、顺还是不顺,直接决定着家长开放日活动的成效。所以,分析园长、教师、幼儿、家长在家长开放日活动中存在的问题和不良行为表现,研究找准解决问题的对策,有利于促进四者之间的良性互动,确保家长开放日活动取得应有的成效。

一、园长在家长开放日活动中存在的问题及对策

在幼儿园家长开放日活动中,园长扮演着引领者、观察者、指导者和评价者的角色。在家长开放日之前,园长要做好各项准备工

作，来引领活动的方向。在开放日活动中，园长既要通过细致观察，全面深入地了解教师、家长和幼儿的行为；又要通过专业指导，促进教师专业成长，提高教师与幼儿的互动质量。在开放日活动结束时，园长还要通过有效的评价，促使家长和教师成为学习的共同体，一起成长和发展。

然而，在实践中，园长往往习惯以绝对统领者的身份，就活动的整体策划和具体安排做出各种指示要求，而忽视了作为引领者、观察者、指导者和评价者应有功能的发挥。归纳起来，园长在开放日活动中大致存在以下几个方面的问题：

（一）重巡查，轻观察

在开放日活动中，园长往往非常重视对活动的巡查，但对教师组织活动过程的观察明显不到位，更谈不上采用科学有效的方法去观察活动了。这种做法，直接导致开放日活动的观察效度明显不足。

忙碌的园长

准备已久的××幼儿园家长开放日活动开始了，该园园长例行巡查各班的工作。她在各个教室之间走来走去，查看老师们是否按照活动方案有秩序地进行；看看家长是否配合；看看新老师有没有手忙脚乱；看看幼儿有没有过于依恋家长而导致活动开展受阻……所有的班级走完了一遍后，看到开放日活动基本能够按照预期的计划有序开展，该园园长长舒了一口气。

从以上案例中我们可以看到，园长在巡回检查时，主要是看班级的秩序是否良好和活动是否正常地进行。这种观察，仅仅是走马观花，不是真正意义上的深入观察。如果园长仅仅做这样的巡查，就难以对教师进行准确的、专业的指导，更难以对开放日活动做出准确到位的总结评价。

要扮演好观察者的角色，园长应该注意如下几点：

1. 增加观察的频率

由于教师、家长、幼儿的行为随时会发生变化，因此园长要增加观察的频率，利用更多的时机进班观看活动，以全面深入地了解教师、家长和幼儿的行为。

2. 延长观察的时间

"要获得课堂中所发生事情的真实情况，就要花相当长的时间进行观察。"因此，园长要延长在班级观看活动的时间，以准确把握活动的具体情况。

3. 精选观察的位置

园长在班级进行观察时，要精心选择最佳位置，如活动室侧面的窗户外，有条件的还可以在监控室里进行观察，使自己对活动的"干扰"降到最低化。

4. 提高观察的技能

园长在进行班级观察时，可使用分类对照表、典型事例记录表和开放性表格（见表1至表3）等观察技术，把无控制观察与有控制观察结合起来，把重点观察与普遍观察整合起来，以提升观察活动的水平。

表1　家长开放日分类对照表

时间	
班级	
执教教师	
开放内容	

观察对象	幼儿	教师	家长
参照指标	对活动投入、感兴趣； 在活动中有良好的生活、卫生习惯； 能仔细观察、大胆创造、积极思考； 能大胆表述自己的观点，有良好的语言表达能力	活动准备充分； 教育的内容、方式、策略、环境条件能充分调动幼儿学习的积极性； 能为幼儿提供恰当的动手、脑的时间和机会； 能兼顾群体需要和个体差异，使每个幼儿都能得到发展，都有成功感； 与幼儿、家长间的互动好； 指导有利于幼儿主动、有效地学习； 能处理好活动中的突发事件； 对幼儿在进餐、午睡、盥洗、卫生习惯等方面的教育能科学保教； 活动效果好，达到预期目标	在活动中关注度高，能积极参与和配合

表2　家长开放日典型事例记录表

时间	
班级	
执教教师	
开放内容	
典型事例	
分析与建议	

表3 家长开放日开放性观察记录表

时间	
地点	
执教教师	
开放内容	
观察记录要点	
改进措施	

（二）重指示，轻指导

园长在开放日活动中，往往习惯于对教师下指示、提要求，而忽视对教师进行专业耐心的指导，更忽视对幼儿给予应有的关注。这种指导缺位的做法，直接导致园长、教师、幼儿之间缺少良性互动，全园开放日活动难以形成"一盘棋"的良好局面，也无形中降低了开放日活动的专业水准。

费力不讨好的园长

"做个园长可真不容易啊！"这是××幼儿园园长发自内心的感叹。为了使幼儿园家长开放日活动能够取得成功，这一个月来该园园长可累坏了，里里外外、方方面面都要考虑。从确定开放内容开始，到审查活动安排、全面物质准备、给家长发放邀请函，再到预先实地检查，认真履行着领导和组织家长开放日一切活动的责任。看到活动如期开展，效果不错，园长总算是松了口气。

可是，前来参加活动的专家对园长提出了中肯的建议："园领导

对教师意见的采纳和对教师的指导不够,也忽略了对幼儿的关注。"该园园长听后觉得很意外,也很沮丧……

从以上案例中可以看到,该园园长作为家长开放日活动的总指挥,付出了很多辛苦和努力,但是并没有得到专家的认可。的确,经常习惯于对教师下指示,不愿意真正听取和采纳广大教师建议的园长,很难说是一个称职的园长。

因此,要想在家长开放日活动中扮演好指导者的角色,园长应该注意如下几点:

1. 加强学习,树立科学的教育观和儿童观

正确的教育观、儿童观,能让园长更好地引领幼儿园的教育教学工作。要想成为幼儿园真正的引领者,园长需要具备先进前瞻的教育理念,养成终身学习的习惯。园长必须以幼儿为本,加强儿童心理学理论知识的学习,掌握幼儿身心发展的规律,熟悉幼儿的年龄特点,了解幼儿的学习需要,不断丰富自己的修养,提高自己的理论知识。

2. 自下而上,接纳教师群体的合理化建议

园长要改变高高在上的"自上而下"状态,运用"自下而上"的策略给予教师更多的自主权。比如,可以发挥教研组的作用,让教师们协同商议活动的主题、内容、形式等,并对拟订的活动方案进行讨论和修改,充分发挥教师同伴互助和自我反思的作用,接纳教师的合理化建议,让教师能够成为活动的组织者,而不是被动的执行者。

3. 善用指导,帮助教师提升教学能力和组织能力

园长应根据教师的教学年限提供有针对性的指导。对于新任教

师，要教给他们基本的活动组织方法，帮助他们把握好活动的目标和内容，并重点提示新教师掌握与家长沟通的技巧；对于骨干教师，则应根据儿童的年龄特征，有的放矢地加以指导。要注意提醒教师思考如何为不同年龄班的儿童安排适宜的活动，比如，"孩子在小班时，应该给家长看什么；中班时，应该给家长看什么；大班时，应该给家长看什么"等。对于经验丰富、资质较深的教师，则注重鼓励他们提高活动的创意。活动后，要引导他们反思活动中的成败，思考"幼儿在活动中获得了哪些有益的经验和发展"，帮助教师从"关注自己的教"变为"关注幼儿的学"。

（三）重教师评价，轻幼儿和家长

园长在评价开放日活动时，往往主观性太强，评价不够科学准确，同时还往往忽视对家长的表现进行必要的肯定和表扬。有的园长把评价的重点放在了教师身上而不是幼儿身上，轻视从幼儿的表现来看教师的活动组织能力；对家长的评价不够全面准确，片面地认为家长只重视教育的结果而不重视教育的过程。

家长开放日后的评价

在开展家长开放日后的第二天，园长召开了一次总结会，对各班开放日情况作了小结。她从活动方案设计、完成情况和活动效果等方面评价了教师的活动，并对开放日活动设计巧妙新颖、环境创设丰富、活动组织能力强、家长满意度高的教师进行了表扬，对这些方面有欠缺的教师提出了批评和新的要求……

从上面的这个案例可以看出，该园园长是整个家长开放日活动的评论者和仲裁者，她把主要评价指标放在了教师身上，却忽视了幼儿，忽视了家长。

要想在开放日活动中扮演好评价者的角色，园长应该注意如下几点：

1. 改变评价方式，让教师认同并接纳

园长应调整评价方式，改"单向评价"为"互动评价"，改"量化评价"为"质性评价"。

一方面，园长要重视与教师进行互动评价。在活动后，园长应通过个别交流和集体研讨的方式，与教师进行平等的对话，接纳教师的观点，鼓励教师反思，并帮助教师分析活动的得失。这不仅有助于扭转园长与教师之间管理与被管理的局面，改变教师不得不接受园长的评价结果的被动状态，增进园长和教师彼此间的理解，形成友好的评价关系，而且还能使园长有效地对教师的发展过程进行监控和指导，帮助教师认同评价的结果，以及时地调整自己的教育行为，提升专业发展的水平。

另一方面，园长要重视对教师进行"质性评价"。作为园长，不仅要从活动前的准备工作、活动计划、环境创设等方面来评价教师，还要从活动中教师与幼儿的互动、与家长的互动，以及幼儿主体性学习和发展等方面来评价教师；不仅要采用观察法对教师在活动中的教育行为进行评价，还可以通过谈话法、作品分析法，对教师在活动前、活动后的各种教育教学计划、反思资料进行评价，让"质性评价"自然地伴随着整个教育的过程。

2. 以幼儿的发展作为评价教师"教"的重要指标

评价虽然是为幼儿的发展服务的，但园长们把更多的注意力放在了教师身上，忽视了幼儿，轻视了从幼儿的学来看教师的教。为了扮演好评价者的角色,园长必须纠正评价重心偏移的倾向,把焦点对准幼儿,重视评价幼儿在活动中的认知、情感和行为。

对于家长开放日工作中教师的评价,园长应重点考察以下几个方面:

◆ 教育计划和教育活动的目标是否建立在了解本班幼儿现状的基础上;

◆ 教育的内容、方式、策略、环境条件是否能调动幼儿学习的积极性;

◆ 教育过程是否能为幼儿提供有益的学习经验,并符合其发展需要;

◆ 教育内容、要求能否兼顾群体需要和个体差异,使每个幼儿都能得到发展,都有成功感;

◆ 教师的指导是否有利于幼儿主动、有效地学习。

3. 尊重家长,使评价主体实现多元化

有的园长认为家长开放活动和对同行开放活动是不同的,没有那么严谨和高质量也没关系,因为家长重结果、不重过程,他们不是专家,很好打发。基于这种想法,在开放日活动中这些园长并没有给予家长足够的重视,从而产生轻视和敷衍的心理和表现。作为园长,应该消除这种认识偏差,树立正确的家长观和评价观,尊重家长,帮助他们形成正确的教育理念和教育评价方法,使家长和教师能成为学习的共同体。同时,园长必须注重维系家长对活动的评价权,使之成为调整和改进工作的重要手段,实现评价主体的多元化。

二、教师在家长开放日活动中存在的问题及对策

在家长开放日活动中，教师是活动的组织者、宣传者、指导者，不仅要在活动设计和环境布置等方面做好充分的准备，而且要面对来自各行各业、各种文化背景和个性特征差异甚大的家长，组织他们参加活动，向他们讲解先进的教育理念、科学的教育方法，介绍幼儿园的教学情况。

然而，在实践中，教师们往往习惯以自己为主导，组织策划活动的目标、内容、形式和安排等，很少去调动家长的主观能动性来积极获得家长的理解和支持。家长经常处于从属地位，对开放日活动总是被动参与，直接导致开放日活动事倍功半、效度不高。归纳起来，主要存在以下几个问题：

（一）重成果表演，轻过程展示

教师在家长开放日活动中往往过分看重幼儿学习成果的表演，忽视幼儿学习过程的展示，忽视幼儿的主动参与。教师总是急于向家长展示幼儿园教学好、幼儿学习成果多的一面，不注重真实地再现幼儿园日常的教育。请看下面的案例：

××幼儿园小班期末教学成果展示活动方案

活动时间

2013年6月24日下午3:00。

活动地点

小一班教室。

活动分工

王老师负责主持活动,李老师负责奥尔夫音乐活动展示、音乐播放或弹奏,张老师负责礼品、物品的发放及家长签到。

活动着装

幼儿着本期新园服;教师着T恤园服。

设计意图

一个学期接近尾声,通过一学期的教育,小班幼儿在幼儿园学到了许多新本领。本次开放日活动,旨在展示幼儿的学习成果,让家长了解孩子在幼儿园的生活和学习状态,从而更加支持和信任幼儿园的工作。

活动目标

(1) 以竞赛形式向家长展示幼儿本学期学习成果。

(2) 密切家园联系,增进家园交流及亲子感情。

活动准备

题目卡(幼儿的节目单)、鼓、花;本学期家园联系册及幼儿发展评估表。

活动流程

(1) 集体舞蹈表演:数鸭子(幼儿分两组入场)。

(2) 以竞赛形式展示幼儿所学的歌舞表演以及特色音乐活动。

(3) 玩游戏:击鼓传花。

师:我们国家有许多传统的游戏,现在我们来玩"击鼓传花",花落谁家,谁就朗诵主持人指定的儿歌。

(4) 颁发礼品、本学期幼儿教材及家园联系册。

从上述活动计划中不难看出,教师组织活动的目的在于让家长

了解幼儿在幼儿园学到的知识,所追求的是家长对教师辛苦一学期的认可度和幼儿物化的学习成果。整个开放日活动,都是教师精心预设下的表演,而没有展现幼儿真实的学习动态,也没有体现幼儿的主动参与。

这就提醒教师在组织家长开放日活动时必须注意以下两点:

1. 重幼儿活动过程展示,让家长在观察了解中感知先进的教育理念

幼儿园开放日活动给家长的是一种全方位、立体化的信息传递,对家长树立正确的教育观影响深远。家长开放日活动的内容和形式,既要体现常态常规的日常教学,又要引导家长形成先进的教育理念、掌握必要的科学育儿技能;既要体现以幼儿为主体的教育实践和成果,更要体现幼儿的动态学习进程。

2. 重幼儿参与,让幼儿的多方面能力得到锻炼和提高

幼儿是家长开放日活动中一个重要的主体。在家长开放日的准备和整个活动过程中,教师都应当尽量为幼儿提供参与活动、表现表达的机会,如布置环境、展示作品、欢迎接待、上公开课、参与亲子活动等。这些活动能够使幼儿的社会性、认知、动作等多方面能力得到发展。值得一提的是,让幼儿以小主人的身份欢迎家长,能够增强他们对幼儿园的归属感。

(二) 重教师权威,轻家长参与

这一点主要表现在:开放日活动前,教师是活动的决策者和设计者,轻视维护家长对活动的知情权和建议权;开放日活动中,教师是活动的组织者和控制者,无视发挥家长的协调作用和辅助作用;开放日活动后,教师注重维系家长对活动的正面评价,而回避家长

对活动的建议性、改进性评价。请看下面的案例：

××幼儿园中一班家长开放日活动计划

设计意图

进入中班，家长对幼儿在幼儿园的一日学习生活和能力发展等方面特别希望能深入了解，他们经常向老师询问自己孩子的在园表现，十分关注孩子的进步，希望幼儿园能多举行开放日活动。为了使家长更好地了解教师的工作，学习和运用科学的方法准确观察和了解幼儿的发展状况，促进家园共育，特举行本次家长开放日活动。

活动目标

(1) 让家长了解幼儿在园半日的学习、生活状况及能力发展情况。

(2) 使家长更好地了解教师的工作，进一步促进家园共育。

活动准备

(1) 提前三天告知家长开放日活动时间。

(2) 准备家长签到表及家长半日开放活动意见反馈表。

(3) 班级主题环境创设及区域材料的填充。

活动流程

阶段	活动时间	活动内容
1	7:40—8:30	家长到幼儿班级签到，主班教师在活动室接待家长，另一位教师及保育教师在户外组织幼儿自选体能材料进行游戏
2	8:30—8:40	教师向家长介绍开放内容、目的及活动具体要求
3	8:40—8:50	家长到户外观看幼儿的晨间早操
4	8:50—9:00	家长观看幼儿的盥洗、喝水
5	9:00—9:20	教师组织科学集体教学活动"让纸立起来"，家长进行观看

续表

阶段	活动时间	活动内容
6	9:30—10:00	家长观看幼儿的区域活动
7	10:10—10:25	家长欣赏幼儿的歌曲联唱表演
8	10:30—10:50	开展亲子二人行游戏
9	10:50—11:00	家长观看幼儿餐前盥洗
10	11:00—11:45	家长观看幼儿进餐

活动反馈

发放"家长半日开放活动意见反馈表",并于次日收回,集中意见和建议。

从上述活动计划不难看出,在整个开放日活动中,教师是权威,家长仅仅是"观众"。家长始终是以观摩者的身份出现,被动静态地了解孩子的现状,并没有积极主动地参与其中。活动计划特别忽视了引导家长与教师共同观察、了解、研究幼儿。

要想让家长积极地参与到开放日活动中,避免上述案例中出现的问题,教师在组织家长开放日活动时必须注意以下几点:

1. 发出邀请,使家长明确开放日的意义

在开放日前向家长发出邀请函,写清楚活动的目的和对幼儿发展的意义、家长的观摩及参与的事项,而不仅仅是简单的通知。观摩前,教师应该告诉家长怎样看待幼儿,怎样科学地对待孩子之间的个体差异等,同时向家长讲解开放日活动需要家长合作的注意事项。

2. 重视参与,使家长能够成为主动的合作者

教师要重视发挥家长委员会的作用,邀请家委会成员参与开放活动的统筹安排，带动全班家长参与活动，不要让他们只当旁观者。在安排活动流程时，要体现家长在开放活动中的角色安排，让家长参与方案的制定、活动材料的准备、环境的布置及游戏活动，发挥家长的助教作用。

3. 给予指导，使家长学会观察的技巧

在开放日教学展示活动中，家长往往不知道该看什么，应该怎么做。教师可以通过有计划地对家长进行指导，让他们掌握一定的观察技巧。比如，提示家长可以采用以下方法进行观察：其一，仔细观察教师在教学活动中对临时出现的问题采取了什么样的措施？效果如何？其二，观察孩子在教学活动中能大胆地表达自己的情感吗？自己的孩子乐于与其他伙伴进行交往、合作吗？自己的孩子在活动中是否专注？能够积极主动地参与活动吗？孩子在遇到困难时有自主解决问题的意识吗……教师要引导家长与自己共同观察、了解、研究幼儿，更好地携手合作，共促幼儿的发展。

此外，教师还应该根据开放活动的需要，有目的地组织家长参与其中，体验幼儿的学习过程，了解幼儿的发展状况，发现幼儿在活动中容易出现的困难。

4. 学会尊重，使家长成为开放日活动的主要评价者

活动后，教师不仅要有意识地收集家长参与活动的感受（可以是口头的，也可以是书面的），了解家长对班级工作的评价，而且要及时梳理和反思，调整和改进工作；活动后，教师应多与家长进行平等的讨论与交流，诚恳、耐心地接受家长合理宝贵的建议，尤其是家长观察和体验到幼儿在幼儿园的学习、游戏和生活后，会有很多的想法和疑问；活动后，教师应热情欢迎家长与自己进行约谈，共同商议、制定个性化的教育方案。

(三)重预设,轻生成

这一点主要体现在:幼儿园家长开放日活动中,教师往往注重精心预设自己满意的活动,却不能依据家长提出的不同意见和需要进行及时的调整,不敢尝试随机应变现场、创新教学活动。

一次不成功的预设

小班幼儿入园已经一个月了,王老师准备在班里开展一次家长开放日活动。为了让开放日活动开展得有声有色,王老师和班级其他教师早早地就开始精心谋划和预设。经过多日的苦思冥想,活动内容终于确定下来了。他们决定先展示一节教学活动,然后再组织一些轻松的亲子游戏。为了让家长对活动有所了解,教师们将活动方案挂在了班级QQ群里。可是,有不少家长对开放的内容并不感兴趣,他们纷纷提出想看日常活动,想知道和了解宝宝这一个月在幼儿园是怎样生活和游戏的。可教师们觉得自己的精心预设也不错,并没有采纳家长的建议,而是开展了自己预设的活动,结果家长并不满意和认可,活动远不像教师们预想的那样成功。

从上述案例中不难看出,教师组织活动的初衷是好的,是为了让家长满意。为了能更好地开展活动,教师花了许多心思,精心设计自认为"最佳的"开放日内容。面对家长的不同意见和需要,教师没有及时做出应有的调整,结果不尽人意就在意料之中了。这次活动也说明,教师未能把握住不同年龄段的幼儿家长开放日活动应开展的内容,不了解哪些活动内容适合在小班家长开放日活动中进行。

这就提醒教师在组织家长开放日活动时必须注意以下两点：

1. 明确活动开展的意义

家长开放日的对象是家长，活动宗旨是赢得家长对教师工作的支持和理解。因此，家长开放日活动要满足家长合理、正常的需求，这是确保开放日活动取得良好效果的重要条件，也是形成良好家园互动的根本保证。

2. 提升自己把握教育契机的能力

开放日活动中家长的参与，打乱了教师和幼儿相对稳定的生活秩序和教学模式，活动难度和活动的关注点（关注幼儿和家长的"双成长"）都需要有很大的调整，这无疑在设计、准备、实施活动等方面，给教师提出了更高的要求。在设计和准备阶段，教师应尊重并充分考虑家长的需要，可采用问卷、访谈等方式进行了解，如家长当前最希望看到的开放日活动内容、形式等，并事先征求和采纳家长的合理化建议。教师需要具备一双慧眼、一种良好的心态和灵活把握契机的能力，观察幼儿，观察家长的情况，并随着幼儿在活动中的表现及时地对活动加以调整。

一次家长开放日活动中，王老师正在开展语言集体教学活动"小兔子开铺子"。突然，有个幼儿叫了一声："看，好大的雪花！"其他幼儿都不约而同地看着窗外，接着有的幼儿站起来欢呼雀跃，还有的幼儿直接跑到窗口把小手伸出了窗外……王老师说话了："小朋友们，快回来，等上完了这节课我们再去看雪好吗？"可是，孩子们似乎并没有听见，在老师的再三要求下，一些听话的孩子恋恋不舍地回到了座位上，但是眼睛还是不停地往外瞧。当看见孩子不好好上课、不听老师指挥时，有几名家长在后面喊着自己孩子的名字，还有的家长直接跑过来呵斥，说再不回座位回家非要收拾孩子

不可……场面有点混乱。王老师看到此情形，急中生智，临时调整策略，顺应孩子的需求，变预设为生成，组织小朋友们到户外去赏雪、玩雪，幼儿们兴致高涨，有了很多新发现、新问题，一场关于认识雪花的探索活动开始了。

三、幼儿在家长开放日活动中存在的问题及对策

幼儿是家长开放日活动的主角之一，是活动的承载者、受益者，也是活动的评价依据和终极目标。在活动中，幼儿不仅是老师的小助手，还是家长的亲密玩伴，更是联系教师与家长的重要纽带。幼儿主动地表现自我，大胆地探索参与，在环境创设、接待家长、介绍活动方面，幼儿是主人；在活动展示的主体参与、主动表达表现和自我建构方面，幼儿也是主人。

但是，受年龄特点的影响，在家长开放日活动中，由于有了家长的加入，幼儿容易过度兴奋，出现不受控的情况。比如，有的幼儿上课时注意力不集中，坐不住，不停地回头看家长；有的幼儿容易与其他幼儿产生纠纷；还有一些内向的幼儿，会出现人一多就不敢说话，不愿意参加集体活动和不愿意表现自己的情况等。

胡老师的无奈

在一次家长开放日活动的集体教学展示中，胡老师正组织大班幼儿开展语言活动"小猴的出租车"。平时孩子们最喜欢听胡老师讲故事了，每次都非常专注。所以对于这次语言活动的组织，胡老师信心满满。

随着活动的开展，胡老师边演示贴绒玩具边讲述，有几个孩子

注意力不集中，坐不住了，他们不停地回头看家长，这样也影响到了旁边的孩子。这时候胡老师停下来，提示孩子注意听讲，不要回头去看爸爸妈妈。结果，在接下来的讲述中，胡老师发现孩子们似乎越来越不听话，不仅回头，还做着各种鬼脸……胡老师的表情越来越僵硬，她的眼神暗示对于幼儿一点也不管用了，她感到越来越力不从心，不知所措。

从上面这则案例中，我们可以看到幼儿的自控性很差，表现出"人来疯"的特点。这种现象在幼儿园组织家长旁观活动时时有发生。家长进课堂"听课"，会让幼儿在兴奋的同时，表现出娇气、不受控、不守纪律等行为，让教师感到措手不及。

要避免出现这些问题，教师在组织家长开放日活动时必须注意以下几点：

1. 活动前要准备充分，制定相应的对策

组织家长参与幼儿园活动时，教师一定要做好活动前的准备工作，这个准备不仅仅是物质上的准备，还包括对可能发生的各种事件的预估。教师应该根据幼儿的年龄、性格等因素制定相应的对策。对于"人来疯"的幼儿，可以给予他们充分的表现机会，比如为家长搬椅子等；对于想和家长说话的幼儿，请他们向家长做简短的自我介绍或是请他们和家长打招呼；对于胆小和没有自信的幼儿，则可事先将要求幼儿回答的问题告知幼儿，帮助幼儿预先做好充分准备，或者将简单的问题留给他们来回答，这样能缓解内向幼儿的紧张情绪，使他们慢慢地乐于表现自己。由于在集体中的良好表现让幼儿体验到成功的喜悦，幼儿的自信心就会大大增强。另外，邀请家长积极地参与，帮助激励幼儿，也是一种有效的办法。

2. 家园共育，培养幼儿良好的学习习惯

在开放日活动中，由于家长的参与，打破了幼儿正常有序的生活，有的幼儿因为过于依恋家长而袖手旁观，游离在活动之外；有的幼儿因为不自信而不愿意在集体中表现或与他人交流；有的幼儿过于自由而出现异于常态的行为……这些都让教学活动难以顺利地实施。所以，教师要引导、帮助和支持幼儿完成任务，并和家长一起培养幼儿良好的学习习惯，如注意力集中、独立思考、倾听等，同时培养幼儿合作、有礼貌等良好的社会行为。

3. 要注意将行为训练与道德认识统一起来

开放日活动后，教师要组织幼儿进行讨论和总结经验，比如，我们做了什么？你有了哪些进步？你觉得自己是合格的"小主人"吗？通过讨论和总结，帮助幼儿了解哪些行为是大家喜欢的，哪些不良行为会对别人带来什么样的影响，使幼儿产生意识上的认同感，这样，行为的养成才能事半功倍。

另外，组织幼儿将讨论结果制定成规则，并在平时的活动中学会主动、自觉地遵守这些规则。

四、家长在家长开放日活动中存在的问题及对策

在家长开放日活动中，家长是活动的参与者、引导者、评价者。家长参与计划的制订、教育的决策、活动的引导、活动的评价，他们是开放日活动的积极参与者和主力军。很多时候，家长还在开放日活动中发挥着积极的助教作用。

然而，受教育理念和能力所限，家长参与开放日活动也存在着种种问题，很大程度上影响了活动的开展。归纳起来，主要有以下

几个方面：

（一）对活动的关注角度不适宜

这点主要体现在：家长只关注幼儿的智力发展，忽视非智力因素，如良好的情绪状态、意志品质、交往能力等；关注内容比较肤浅，忽视真正值得关注的东西，比如很多家长只看热闹，不看门道。在这里，"热闹"主要是指整个活动外在呈现出的热闹氛围，"门道"是指教师的"有效教"和幼儿的"主动学和有效发展"；注意力不集中，容易受外界干扰，比如，有的家长像是一个无所事事的局外人，偶尔观看孩子的行为，偶尔关注教师的行为，有的时候还会发短信、打电话，与其他家长聊天等。

区域活动中的发现

这次大四班对家长开放的是区域活动"绳金塔小吃一条街"，主要目标是让幼儿在做服务员和顾客的游戏中发展社会性交往能力。

活动前，教师提出在活动后评选"最佳服务员"和"最佳顾客"的要求，让每个幼儿都能自觉地、耐心地做好自己份内的"工作"。孩子们忙着做花卷和烧烤食品，玩得不亦乐乎，情绪高涨……幼儿的社会性交往能力因此得到较大提高。班上两位教师对活动效果十分满意，但他们对家长的表现很不理解，因为他们发现，在幼儿区域游戏开始没多久，有的家长便开始闲聊起来。让教师们更头疼的是，活动后和家长开了个短小的班会，期间征询家长对开放日活动的感受，不少家长反映说幼儿玩得蛮好，但感觉没有学到什么知识。

从上述案例中我们可以看到，家长缺乏正确的儿童发展观，缺少正确的教育理念和教育方法，对于幼儿在游戏中的学习与发展认识不到位，没有认真观察，没有给予足够的关注和评价。甚至，还有相当一部分家长认为"孩子在幼儿园不应该玩耍，而应该好好学习"。为了不让孩子"输在起跑线"上，他们对幼儿教师的要求就是多教孩子几首歌，多让孩子算一些算术题，多认识几个字，为幼儿升小学进行知识储备，相对忽视了对孩子性格、气质、兴趣、意志力等非智力因素的培养。家长们这样的观点和态度，直接影响家长开放日活动的成效。

要避免上述案例中出现的问题，教师在组织家长开放日活动时必须注意以下几点：

1. 注重传播先进的幼儿教育理念

教师可以直接开展有关正确的教育理念、教育方法的家长开放日活动，向家长传递正确的教育方法，也可以向家长介绍幼儿各个年龄段的特点，引导家长学会具体问题具体分析，具体情况具体应对。通过直接和间接的方式，让家长明白幼儿在现阶段最主要的学习方式就是"在游戏中学习"，逐步改变家长"我想让我家宝宝多学点知识"的错误观念。

2. 注重介绍开放日活动的内容

教师除了在日常工作中把幼儿园的教育理念渗透给家长，还应该在开放日活动前通过交流等方式让家长对活动的内容和目标有所了解，帮助家长理解教师是用什么样的方法让幼儿有效学习的。为了避免家长的走马观花，还应该教给家长一些方法和技巧，比如学会"看什么、怎么看、怎么评价"；也可以请家长填写观察记录表，指导家长看什么，确保家长的观察准确到位。

3. 注重搭建家长间交流学习的平台

有些家长，非常重视教育方式的科学性和先进性，通过学习积累了很多丰富的相关理论和实例；有些家长可能具有较好的沟通能力，在处理幼儿常见心理和行为问题方面有独到的经验和见解，这些都是十分有利的资源。在家长开放日活动中，教师可以专门组织家长在一起交流、讨论，共享教育经验，相互借鉴教育方式、方法。

（二）对孩子的指导方式不适宜

这点主要表现在：在开放日活动中，家长们表现出来的旁观型、命令型、替代型等不良的指导方式。旁观型是指家长表现出游离于活动外的袖手旁观式态度；命令型是指家长对于幼儿在活动中的行为表现提出命令性要求；替代型是指家长在活动中表现出急于包办代替幼儿的操作性行为。这些不良的指导方式会严重影响活动的正常开展。

妈妈的干预

在开放日的教学观摩活动中，教师有感情地朗诵完一首诗歌后便开始提问了。红红妈妈见前几个问题红红都没有举手，有些着急，她先是悄悄地走到红红身边，对红红说："你怎么不举手呀，快动动脑筋。"说完又退回到自己的座位上，没想到红红还是不举手，反而一脸茫然。红红妈妈更着急了，干脆搬着椅子坐到了红红的旁边，对红红说："举手，快举手，老师问的这个问题你一定知道。老师，老师，你让我们红红来回答，她今天是怎么回事呀？"因为着急、生气，红红妈妈的嗓音几乎高过了老师，老师只得让红红来回答问题。红红呆愣了半天，好不容易在妈妈的帮助下，回答了问题，并且得到

了老师的表扬。没想到，在接下来的提问中，有几个妈妈也冲到自己的孩子身边，要求孩子回答问题，教师的活动秩序被打乱了。

从以上案例中我们可以看出，这位妈妈表现出一种不良干预的命令型指导方式。这类家长为了"面子"上好看，都希望在这样的活动中自己的孩子表现突出。

要避免上述案例中出现的问题，教师在组织家长开放日活动时必须注意以下几点：

1. 让家长懂得正确看待孩子的表现

活动之前，教师应告诉家长怎样看待自己的孩子，怎样科学地对待孩子之间的差异。比如，告诉家长以一颗平常心看待孩子，做到"四不"和"四学"。四不，是指不过度关注、不过度忽视、不过度表扬、不过度批评；四学，是指学会观察、学会等待、学会鼓励、学会赞赏。当孩子有不好的表现时，不要马上进行干涉，应该耐心观察，事后通过谈话等方式了解孩子行为发生的真正原因，再寻找对策帮助幼儿改正缺点。教师应帮助家长了解幼儿的年龄特点，知道幼儿阶段是发展独立性、建立自信心的关键期，幼儿的情绪和情感常会受到外界情境的影响，容易激动、不稳定。家长只有在了解幼儿生理、心理发展特点的基础上，才会懂得怎样主动和教师配合，取得教育的一致性。

2. 告知家长应注意的事项

活动之前，教师应向家长讲解开放日观摩活动需要家长配合的注意事项，要求家长不要干预孩子的行为。在场地的布置上，可将家长的座位安排得离孩子的座位远一些。

3. 面对家长不恰当的介入要给予委婉的提示

当家长情急之下不自觉地干涉幼儿的活动时,教师要给予家长及时、委婉的提示,让家长明白这样的做法是不对的,无论对孩子的学习发展还是对整个开放日活动的正常开展都会有不利的影响。比如,告诉家长:"请不要去干涉孩子的游戏活动和操作行为,以免影响孩子的注意力及情绪。""请保持良好的心态。当孩子表现突出时'不骄',当孩子表现失常时'不躁',不干涉孩子的活动。"……提醒的方式可以是口头的即时提醒,也可以通过邀请函等书面的方式去进行提示。

4. 创设宽松的氛围

教师要尽可能创设幼儿能多方参与互动的活动形式和活动氛围,比如,通过多提供材料操作(幼儿与材料的互动)、分小组合作游戏与交流分享(幼儿之间的互动)、家长参与的亲子活动(家长和幼儿之间的互动)等形式让每个幼儿都能够更加自主地参与活动,在更加宽松的氛围中游戏和学习,使开放日活动达到最佳效果。

(三)对教育的评价不适宜

这点主要表现在:由于缺乏科学化和易于操作的评价指标体系以及相关的培训指导,家长开放日活动中,家长参与幼儿发展评价的能力存在着很大差异。下面是一位家长参加开放日活动后反馈的一份问卷:

家长反馈问卷

亲爱的家长：

您好！很高兴您能参与我们的"捉迷藏"活动，为了了解您对本次活动的感受和建议，以便我们更好地开展工作，请您认真客观地填写本问卷（署名、不署名均可）。

1. 您对"在游戏中学习"这种观点有哪些想法？

答：孩子可能更感兴趣，更喜欢吧。

2. 您如何看待幼儿在空间范围方面的发展？

答：应该是掌握了吧。

3. 您的孩子是否对活动感兴趣？

答：兴趣还是蛮大的。

4. 这个活动对您有启示吗？有哪些启示？

答：一下还没想到。

5. 您会在家庭教育中尝试用游戏的方式进行数学教育吗？您会采用哪些方法？

答：不会。

6. 您对活动有哪些建议和意见？

答：希望能经常参加幼儿园的家长开放日活动。

××幼儿园 中一班

从上面的问卷中我们可以看出，此问卷涉及一些不易于操作的评价指标体系，具有一定的专业性。填写的前提是家长需要具备科学的教育观和儿童观，并掌握一定的评价方法。因此，很多家长拿到这张反馈问卷时一筹莫展，不知如何下手。

为了让家长能够正确地评价幼儿，教师在组织家长开放日活动时必须注意以下两点：

1. 设计便于家长参加的教学活动

教师和家长应该是一个以促进幼儿发展为目的的学习共同体，家长在这个共同体中也应该获得不断的成长与发展，获得更多的教育幼儿的理论、经验、方法等。因此，作为专业的教育工作者，教师应该更多地探索适合家长参与教育活动的内容和形式。在家长开放日活动中，设置便于家长参与的教学内容和方法，提高家长的参与度，为家长参与幼儿发展评价提供事实依据和亲身感受，为促进家长的教育评价能力打下坚实的基础。比如，与家长志愿者合作组织参观活动或社会实践活动；让家长参与幼儿的科学探索活动，与孩子一起进行研究型学习；开展亲子游戏活动，提高家长对游戏价值的认识和游戏指导能力等。

2. 开展家长参与评价的系统指导活动

幼儿园可以利用家长会、家长学校、网站等多种家园联系方式，对家长的教育评价能力进行系统的培训和指导，做好家长开展教育评价的咨询者、指导者和促进者。

对家长的教育评价能力进行培训和指导，既可以加深家长与教师对幼儿发展评价的目的、意义的正确理解，也可以对家长参与幼儿发展评价的方法加以指导。幼儿园和教师应就具体的家长开放日活动制定观察、记录和评价指标，并在活动前对家长开展相关的培训和指导活动。比如，可以把相关的评价材料和评价内容上传到幼儿园网站，事先让家长明确开放日的活动内容、目的和意义，通过这些评价指标明确该看什么、该怎么看，明确记录和评价的要求——要如实、客观地记录孩子在活动中的各种表现，包括言语、表情、行为、动作等，以增加评价的客观性和科学性。也可以指导家长学会正确地看待和运用评价结果，改变部分家长以评价结果甄别自己

与他人孩子的优劣,引导他们正确使用评价结果。比如,对孩子不做横向比较,多做纵向比较,并以赞许的眼光看待孩子的点滴进步,及时给予鼓励;孩子在某方面可能没有成功,但是他在过程中付出了努力,他的探索是有意义的,他就是成功的。

家长开放日活动的类别

幼儿园家长开放日活动，是幼儿园在特定的时间里向家长开放园内外的各种教育教学活动。家长开放日的类别，根据时间频率、年龄阶段、开放内容可以分为三大类。

一、根据时间频率划分

根据开放日活动举办时间的不同频次，可以分成两种类别：定期家长开放日和不定期家长开放日。

1.定期家长开放日

定期家长开放日，是指幼儿园每学期通过定期地、常规性地向家长开放幼儿在园活动，实现家园共育。定期开展家长开放日活动，让家长走进幼儿园，真实感知孩子们在活动中的表现，能帮助家长客观理智地发现孩子存在的长处与不足，有助于客观、公正地评估孩子，对孩子进行有针对性的教育。在观察各种集体教育活动时，家长通过对比同一年龄儿童的行为和能力，从不同侧面认识自己的子女，能更客观地分析和改进家庭教育。此外，还可以帮助家长认识幼儿教育的重要性，创设良好的家庭教育环境，提高家长科学教育幼儿的素质与水平。

2. 不定期家长开放日

在常规的家长开放日活动外，教师还可以结合主题教育、特色活动等，不定期地开展主题式家长开放日活动，使家长成为幼儿园工作的忠实支持者和得力配合者。不定期家长开放日是定期家长开放日的有益补充，能使家长更加深入地了解幼儿园的文化、环境、课程、师资以及办园条件，形象地感受教育活动所蕴涵的先进教育理念，体会幼儿教师专业的教育方法。在以后的家园合作中，家长会更加理解幼儿园的一些做法和要求，从而积极主动地配合和支持幼儿园的工作。

二、根据年龄阶段划分

根据幼儿年龄阶段的不同，可以分成三种类型：小班家长开放日、中班家长开放日、大班家长开放日。

1. 小班家长开放日

小班幼儿具有年龄小，情绪不稳定，易注意力分散、哭闹、黏家长等特点。而小班幼儿家长初次参加开放活动，特别渴望了解孩子在园是如何度过的，关注教师对自己孩子的态度如何、生活照顾是否细致等。教师在组织开放活动时，可以根据家长的实际需求，以幼儿的生活活动为主，按照日常活动流程组织内容，增强活动的趣味性、可操作性。

2. 中班家长开放日

中班幼儿具有活泼好动、自控力差、注意力不够持久的特点，他们在家长开放日活动中往往会出现不遵守活动规则、想表现但缺乏技巧进而急躁的现象。作为中班家长，因为有了参加小班家长开放日的经验，会重点关注孩子的能力发展，特别在意孩子能否完成老师布置的活动任务。教师必须要有较强的组织调控现场的能力，采取家长观摩活动与亲子活动相结合的方式，使整个活动顺利开展，张弛有度，生动活泼。

3. 大班家长开放日

大班幼儿的主动性、独立性及自我控制能力明显增强，他们思维积极、活跃，喜欢有挑战性的学习内容。大部分幼儿在家长开放日活动中具有良好的规则意识，表现欲和合作意识强。大班家长由于有了丰富的家长开放日经验，参与活动的目的性更强了，他们会比较关注活动的细节，关注活动内容是否为孩子将来入小学奠定基础，关注教师是否能给孩子表现的机会，关注自己的孩子在班集体中的能力发展程度等。因此，在家长开放日活动中，教师应选择并设计既符合大班幼儿年龄特点，又能让每个幼儿都有表现机会，同时能满足家长需求的教学活动，如"幼小衔接展示会"、"主题式亲子游戏"、"科技节动手做"等。

三、根据开放内容划分

根据开放日的活动内容，家长开放日可以分为七种类型：能力展示型、游艺制作型、亲子采种型、节日庆祝型、教学展示型、教研观摩型、园本特色型。

1. 能力展示型

能力展示型，是指教师把幼儿在园学习的儿歌、歌曲、舞蹈、故事、绘画、折纸、游戏以及运动项目等，向家长有序展示的一种家长开放日活动类别。请看下面这个案例：

小一班家长开放日活动方案

设计意图

为了让小班幼儿家长对幼儿园的教育和幼儿在园的一日生活有一个全面而细致的了解，进而理解、信任和支持教师的工作，特举办了此次家长开放日活动。

活动目标

(1) 让家长了解幼儿在园的学习情况，包括所学的歌曲、儿歌、绘画、游戏等。

(2) 让家长直观地看到幼儿在集体活动中的表现。

活动准备

幼儿已有的知识经验。

活动流程

14:15—14:45 幼儿起床、盥洗、午点。

14:45—15:00 幼儿如厕、整理衣裤。

15:00—15:10 热情接待家长、签到，并提示家长将手机调为静音。

15:10—15:15 引领家长进活动室，准备开始开放活动。

15:15—15:30 游戏活动展示：到小兔家做客。

15:30—15:45 游戏活动：亲子二人行。

15:45—15:55 幼儿如厕、整理衣裤、盥洗、喝水。

15:55—16:25 幼儿节目展示：歌表演、儿歌、律动、模仿操。

16:25—16:40 家长自由观看幼儿的绘画作品展。

16:40—17:00 家长交流会。(主班教师主持)

17:00 宣布半日开放活动结束。

注意事项

班上三位教师分工合作,确保环节紧扣,特别要提醒生活教师做好幼儿的保育工作,如喝水、如厕、盥洗等。

2. 游艺制作型

游艺制作型,是指教师邀请家长来园开展亲子游艺或者亲子制作活动的一种家长开放日活动类别,包括室外的亲子运动会、亲子游艺会以及室内的亲子绘画、亲子制作、亲子表演、亲子游戏等活动。请看下面这个案例:

"猜猜我有多爱你"主题亲子迎新活动

设计意图

元旦即将到来,我们满载着收获即将送走过去的一年,以饱满的精神迎来新的一年。为了增进亲子关系、密切家园联系,更为了让孩子们一起度过一个有意义的元旦,幼儿园举行了"猜猜我有多爱你"主题亲子迎新活动,以亲子共舞为主的活动形式,迎接新年的到来!

活动目标

(1) 通过亲子主题迎新活动,增进亲子关系,加强家园交流。

(2) 让孩子知道自己即将长大一岁,有成长的自豪感。

(3) 增强孩子的自主性,培养孩子自信、乐观、大方的品质。

活动准备

（1）各班家长委员准备：亲子服装。

（2）家长准备：亲子制作装饰5寸的全家福、爱心愿望卡片、"爱的礼物"。

（3）班级准备：收集已装饰好的全家福、爱心愿望卡片。

（4）保教处准备：确定活动流程，撰写活动方案；召开家长委员会会议；安排大型活动音乐，给幼儿的礼物；海报、场地布置、横幅。

活动流程

入场—园长致词—亲子表演—把爱说出来—爱的天使—亲子操表演—礼花四射—悬挂爱心卡—活动结束。

活动过程

（1）入场：家长与孩子着亲子装按大、中、小班顺序，随音乐入场。

（2）园长致新年贺词。

（3）亲子表演：家长与孩子共同表演《幸福拍手歌》、《宝贝家亲子操》。

（4）把爱说出来。

① 播放背景音乐《猜猜我有多爱你》。

② 亲子互送"爱的礼物"，互相表达爱的祝福。

（5）"爱的天使"。

① "爱的天使"随音乐表演一段优美的舞蹈，调动气氛。

② 以班级为单位，由班上教师把礼物撒在地上，让幼儿感受热闹的气氛。（要求各班教师注意安全）

（6）亲子操表演：随着亲子操音乐《天使》，家长和孩子一起舞动。

（7）礼花四射：集体演唱《新年好》，在歌曲中撒彩花，同时"新年快乐"的对联从四楼缓缓落下。

（8）悬挂爱心卡：以班级为单位，每个班幼儿分批去把自己的心愿卡挂在指定的班级树上。

（9）活动结束：教师组织家长、孩子有序退场。

注意事项

（1）考虑到场地安全，一位小朋友只请一位家长陪同。

（2）幼儿园需购买礼花、小玩具及装饰用品若干。

（3）提前和日报社、电视台取得联系，做好宣传工作。

（4）后续场地清理，每班请一位教师、两位家长共同清理。

（本案例由江西省新余市城北幼儿园符春梅、钟娜提供）

3. 亲子采种型

亲子采种型，是指教师和家长一起带领幼儿走进大自然开展采摘或种植活动，让幼儿从中体验劳作的乐趣，进而了解大自然的一种家长开放日活动类别。

大班年级组开放日活动：走进大自然

设计意图

从小对幼儿进行环保教育，是现代幼儿教育观念更新的具体体现。树木是人类的好朋友，但幼儿对树木缺乏全面的了解，他们有关树木的经验很零碎。因此，我们大班年级组决定在3月12日植树节这一天带领孩子们开展一次植树活动。通过让幼儿亲自去植树，感受粗浅的种植知识，了解自然与人类的关系。同时通过植树前后的谈话，把幼儿的认知、情感、行为贯穿于各种活动中，让幼儿采用不同的认知思路，多层次去认识周围的世界。

活动目标

（1）了解树木的种类、用途以及保护树木的方法。

（2）能愉快地参与植树活动，学习粗浅的种植知识。

（3）在劳动过程中能与同伴、家长相互合作。

活动准备

（1）铲子、抹布、水桶、水、纸笔、胶带、绳或线、树枝、照相机或摄像机、爱心卡片。

（2）小树苗、小毛巾、湿纸巾、饮用水、纸巾、家长和孩子的备用衣物等。

活动流程

发放家长活动须知以及家长同意书，让家长阅读签字—路途中的兴趣激发和活动说明—观摩讨论—家长参与活动—活动结束后的调查—活动返程的总结—活动之后的延伸。

活动过程

1. 发放活动须知及同意书

发放活动须知以及家长同意书，让家长阅读签字。

走进大自然活动须知

家长签字：_____

亲爱的家长朋友们：

在春芽初萌的日子里，让我们大人带着孩子远离都市的喧嚣，相约来到郊外，共同为明天种下一片绿色的希望！让我们的孩子通过参与植树节的相关活动，亲身体验劳动的乐趣，感受美化环

境的意义，激发爱幼儿园、爱大自然的情感。因此，我园定于3月9日（本周六）组织幼儿开展"种一棵小树，绿一方净土"的植树节爱树、护树活动。

为了使我们的活动能更加顺利地开展，保证孩子的安全，我园制定了详细的外出安全方案。请您详细阅读，配合幼儿园做好外出活动。

活动时间

2013年3月9日上午8:00

活动地点

大自然实践基地

活动对象

大班幼儿与家长

活动前一天准备

（1）备好出行的物品：小树苗、小毛巾、湿纸巾、饮用水、纸巾、家长和孩子的备用衣物等。

（2）为了能体现环保文明，开展"开心和谐亲子游"，请备好垃圾袋等环保用品，以便自己产生的垃圾清理干净扔到垃圾桶内。

（3）为了能轻松、舒适地享受活动的乐趣，请妈妈们不要穿裙子和高跟鞋。

（4）前一天晚上提早休息，让孩子有充沛的精力参与活动。

（5）记录好负责老师的电话号码。

活动当天配合工作

1. 请帮孩子穿好园服，吃好早餐，8:00准时到达幼儿园集合。为了减少他人等待的时间，请大家一定要准时到点集合，过时不候，敬请配合。

2. 当天到园后，首先到班级集合，到班主任处报到，按时间准时出发。

3. 有晕车现象的幼儿请家长做好防范措施。

4. 活动开始后听从老师安排，注意出游安全。

5. 上下车时不能拥挤，上车后不能打闹，不要把手或头伸出窗外以免发生意外，不要向窗外和车内乱扔垃圾，要放进随身携带的垃圾袋内。任何时间都要听从老师的口令，不能随便离开队伍。

6. 到达目的地后，在老师带领下有序地进行参观，参观时应注意孩子的安全。有组织地参加活动，并注意保持公共环境的卫生。

7. 在参观动植物的过程中，家长一定要教育好自己的孩子，不能随意采摘园内的蔬菜以及未成熟的果实，同时家长要时刻注意自己的言行，为孩子树立文明的榜样。

8. 活动中会统一安排幼儿如厕，如个别幼儿有特殊情况，家长一定要告知教师。

9. 返程时，请检查随身携带的物品，不要遗失。

10. 因疲劳，幼儿可能会在车上入睡，不要让幼儿嘴里含食物。请家长抱好幼儿，以免磕碰。

11. 本次活动是亲子集体活动，是自愿报名参加；参加时应确认幼儿身体健康，无任何过敏史。一旦家长同意参与活动，请配合好教师工作，幼儿安全由家长自行负责。

12. 请家长仔细阅读同意后签字。

××幼教中心

2013 年 3 月 8 日

家长同意书

本人同意敝子女（参加者姓名）_____参加×××幼教中心举办的"走进大自然"户外教学活动，并会督促孩子遵照老师的指导。

据本人所知，敝子女无任何健康或其他理由导致他/她不宜参加此活动。敝子女健康状况良好，并无隐瞒任何已有的健康、心理问题或过敏症史。

  在活动期间,本人会遵守有关的活动规则,穿便于运动的服装和鞋,自备水壶。

       监护人签名:＿＿＿＿＿＿＿

       与参加者关系:＿＿＿＿＿＿＿

       联系电话:＿＿＿＿＿＿＿

       日 期:＿＿＿＿＿＿＿

2. 路途中的兴趣激发和活动说明

（1）教师在车上的发言内容如下:

各位家长、小朋友们:早上好!

  阳春三月,春暖花开,草长莺飞。在又一个全民义务植树节到来之际,为培养小朋友们的绿色环保意识,呼吁全社会都来爱护我们的生存环境,我园组织开展了"种一棵小树,绿一方净土"活动。很开心,今天我能够带领大家一起去我们×××教育集团瑶里大自然实践基地,体验走进大自然的快乐。我们这次活动的口号是"我与小树同成长"。(可组织家长喊口号）

  温馨提示:在车辆行驶过程中,请我们的家长照看好自己的宝宝,不要把手和头伸向窗外,不要在车内随意走动。如在车上吃东西,请把瓜果皮等垃圾放在你们准备的袋子里,给孩子做一个文明的榜样。

  接下来,我向大家介绍一下本次活动的内容,我们将设有四个活动环节:

  环节一:寻找绿色。此项活动是培养孩子的观察能力、语言表达能力以及倾听能力,是由家长和孩子共同参与的。大家一起参观大自然,认识动植物并说出它们的特征,分辨哪些是绿色的植物等。在活动中,家长要引导孩子去寻找、去观察,并积极回应老师的问题，真正做到体验式教育。

环节二：植树活动。此项活动是培养孩子的绿色环保意识以及动手、观察、倾听、语言表达等能力，由家长和小朋友共同进行。在活动时，请各位家长注意孩子的安全，听从老师的指挥。

环节三：亲子手工DIY。此项活动是培养孩子的动手能力、与他人合作的能力，由家长带孩子一起进行。请根据老师的引导，并用不同的形式将它表现出来（印画和绘画），注意要根据不同孩子的年龄特点选择适合他们的呈现方式。

环节四：亲子游戏。此项活动是增加孩子与家长之间的感情，使孩子乐于参加游戏活动，由家长和孩子共同参与。在游戏活动中，家长要向幼儿灌输重在参与的理念。

在活动中不管孩子之间发生了什么，希望家长都能给予孩子机会，让他们自己去想办法解决问题，并尊重孩子的选择！最后，希望在整个活动中，不管我们的孩子表现得怎样，都以一颗平常心去对待，不要勉强孩子。

本次活动的开展需要我们每一个家长的配合，在活动中家长必须听从老师统一指挥，不可带领孩子随意走动，如有特殊情况，请向带队教师请示。

最后，祝大家度过愉快的一天！

(2) 在乘车过程中，教师组织游戏、唱歌、猜谜等。猜谜内容举例如下：

● 什么样的轮子只转不走？【答案：风车轮子】

● 什么动物天天熬夜？【答案：熊猫，你看它的黑眼圈】

● 谁天天去看病？【答案：医生】

● 三个人共撑一把伞在街上走，却没有被淋湿，为什么？【答案：因为没有下雨】

- 无脚也无手，身穿鸡皮皱。谁若碰着它，吓得连忙走。打一动物名。【蛇】

3. 观摩讨论

（1）植树前的参观与观察。

师：我们一会儿去参观一下我们的"基地"，在参观的时候，小朋友们要仔细观察，并找找在大自然中，你看到了什么？你认识它们吗？它们能给我们带来什么好处呢？

（2）植树前的谈话——"讲树"。

（3）幼儿与家长在老师的带领下，参观完"基地"的各种动植物后，在植树的场地边集合，进行植树前的谈话。

师：你们在刚才的参观中，有没有发现你认识的树木啊？（引导幼儿说出树木的名称）

师：你知道树木有什么作用吗？（先让幼儿互相讨论，再请个别幼儿说）

教师拿出事先准备好的6幅图片让幼儿观察讨论，启发幼儿讲述意图：

- 图一：早上人们锻炼身体，树能使空气清新。
- 图二：夏天，人们可以坐在树荫下乘凉。
- 图三：果树可以结出各种果实。
- 图四：森林可以防止风沙。
- 图五：树林可以吸收工厂排出的废气。
- 图六：树林可以防止水土流失。

小结：树木的家族成员种类繁多、用途不一，但它们有个共同的特征就是都发挥着绿化环境、净化空气的作用。

（3）组织幼儿交流并讨论——"夸树"。

师:除图片外,树木给人类还带来哪些益处?我们应该怎样去保护树木呢?

小结:树木能给我们带来这么多的好处,在日常生活中我们应该爱护花草树木,做个保护环境的小卫士。

4. 家长参与活动

(1) 植树前的引导。

①师:小朋友们,你们植过树吗?你们知道如何植树吗?(引导幼儿讨论植树的步骤和注意事项)

②带领幼儿来到植树地点植树,提醒幼儿在植树过程中注意同伴与家长间的分工与合作,并进行安全教育。

③师:现在我们邀请爸爸妈妈和宝宝一起种树吧,爸爸妈妈要记得种的过程,引导、启发宝宝说出:种的是什么树苗?长大后是什么样子?要怎样照顾树苗才会长大?会结什么样的果实?启发宝宝对小树苗说一句话,并写在爱心卡片上,然后封好挂在自己的小树苗上。

(2) 亲子植树。

(3) 植树后的谈话。

①师:小树栽下去了,我们应该怎样保护它们?(引导幼儿相互讨论后得出结论:要浇水,不摇晃等)

②师:欣赏音乐《爱护小树苗》。

(4) 家长和孩子进行亲子绘画,用自己的手掌印画,将树干印上绿绿的树叶。

(5) 组织家长和孩子进行亲子游戏。

5. 活动结束后的调查

教师发放"家长问卷"让家长填写,并根据家长填写的问卷,进行总结、反思。

"走进大自然"亲身体验及感受之问卷

本问卷要求每组家庭从"看"、"听"、"做"三方面进行记录。(幼儿回答,家长记录)

1. 今天你和谁一起来到了大自然?你们收获到了什么?发现了什么?
2. 你做了哪些开心的事情?
3. 家长认为本次活动最让幼儿受益的是什么?
4. 本次活动你们家庭得到几次奖励,以及有几次没有遵守规则?
5. 请爸爸、妈妈谈谈自己对本次活动的感受。

---

6. 活动返程的总结

各位家长、小朋友们:

下午好!我们的"种一棵小树,绿一方净土"亲子植树活动到此结束了。在这次活动中,我收获到了友谊、知识与欢笑。我想,你们肯定也收获了很多吧……(可请家长回答)那我们一起来回顾一下,今天我们都做了哪些有意思的事情(参观植物、种树、画画、玩游戏等)。你们开心吗?很高兴和大家一起度过了一个有意义的周末。

7. 活动延伸

小树苗成活之后,4月12日教师带领幼儿去观察记录小树苗的变化。

附：活动图片

参观基地

教师讲解树木的作用

手掌印画

亲子游戏

(本案例由江西省景德镇天天乐幼教中心提供)

4. 节日庆祝型

节日庆祝型，是指教师结合节日主题采用文艺表演、亲子运动会、亲子游戏等形式来庆祝节日，营造融洽的氛围，调动幼儿积极参与活动的兴趣的一种家长开放日活动类型。

中班重阳节暨家长半日开放活动方案

设计意图

  每天到幼儿园接送孩子的多是爷爷、奶奶、外公、外婆，这些老人年近花甲，他们为家庭、为社会无私地付出，我们的孩子是否能感受到，是否会以爱来报答呢？重阳节快到了，我班以家长开放日为契机，开展此次以重阳节为主题的半日开放活动。通过多种活动创建一个敬老、爱老、养老、助老的氛围，激发幼儿从小敬老、爱老的情感。

活动目标

  （1）引导幼儿了解有关重阳节的知识。

  （2）引导幼儿用多种方式大胆表达对爷爷奶奶的关爱。

  （3）让祖辈进一步了解孩子在中班的生活学习情况，增进家园互动。

活动准备

  （1）结合重阳节制定半日开放活动方案。

  （2）邀请幼儿家中的一位祖辈家长参与活动。

  （3）幼儿人手一份卡纸、精美的贴纸、记号笔、油画棒，事先准备好的祝福话语。

  （4）平衡木、爱心卡片、筐子。

  （5）布置主题墙：重阳敬老，我在行动。

活动流程

  晨间自主活动—早操—亲子活动（贺卡送给老人）—贺卡评比—亲子活动（我爱你们）—午餐。

活动过程

1. **晨间自主活动**（8:00—8:25）

   幼儿和爷爷奶奶自由选择活动。(一起拍球，一起看书等)

2. **早操**（8:35—8:50）

   要求：幼儿精神饱满、动作协调；

   家长在旁观看幼儿早操情况（提示幼儿喝水、如厕）。

3. **亲子活动：贺卡送给老人**（9:00—10:05）

   (1) 导入活动。

   师：今天是农历9月9日，你们知道是什么节日吗？

   师：小朋友、老师、爸爸妈妈都有自己的节日，那老年人也有节日，是什么节呢？

   师：平时你的爷爷奶奶或外公外婆是怎么爱护你们的呢？（请幼儿回忆老人家是怎样关爱自己的，并从中体会到关爱之情）

   师：今天是重阳节，你想用什么样的方式来报答你的爷爷奶奶、外公外婆呢？（请幼儿大胆地说出自己的想法，并引导幼儿萌发更多的关爱和尊敬之情）

   (2) 制作卡片送给老人。

   师：原来你们有这么多的方式来报答他们，今天我们来制作精美的卡片送给他们吧。

   师：制作贺卡有哪些步骤呢？小朋友仔细看看。（交代制作卡片的过程和注意事项）

   师：大家动手做起来吧。（幼儿制作，祖辈可在旁协助，但尽量让幼儿自己完成）

   师：哇！你们做了这么多漂亮的卡片，我们用记号笔在卡片上画出你们的祝福吧？（引导幼儿画上爱心、花朵，以及自己的爷爷奶奶、

外公外婆的头像)

(3)"祝福的话儿送给您"。

请幼儿把自己做好的卡片送给爷爷奶奶或外公外婆,并说上一句祝福的话语。

小结:小朋友不仅要关爱自家的老人,同样要关爱和尊敬遇到的老人。

4. **贺卡评比**(10:15—10:30)

向家长交代评比的规则,并发放评比的小红花。

5. **亲子活动:我爱你们**(10:40—11:00)

(1)介绍游戏玩法及规则。

幼儿分成4组,每组第一名幼儿拿着爱心卡片跑到平衡木前,快速地走过,跑到自己的爷爷奶奶或外公外婆面前把卡片送给他们,并说上一句:"爷爷奶奶、外公外婆,我爱您",然后快速地跑回去。之后,从筐里拿出另一张爱心卡交接给下一名幼儿,游戏反复进行。

(2)玩亲子游戏。(活动过程中,教师应注意幼儿的安全)

(3)放松活动,整理回班。(提示幼儿餐前洗手、喝水、如厕)

6. **午餐**(11:10—12:00)

要求:幼儿能安静、愉快地进餐,不挑食,保持桌面干净,能主动把掉的饭粒捡入餐盘;有良好的坐姿和进餐习惯;会正确使用和收放餐巾、餐具;餐后能主动用毛巾擦嘴。

(本案例由江西省南昌市保育院杨茜林提供)

5. 教学展示型

教学展示型,是指通过向家长展示科学的教学方法来展现教师的教学风采,提高家长的教育水平的一种家长开放日活动类别。

中班语言活动"传来传去的快乐"教学观摩设计方案

设计意图

幼儿期是幼儿口语表达的关键期,此时的幼儿变得特别喜欢说话。于是,我设计了"传来传去的快乐"这个活动,抓住幼儿喜欢与同伴交流、喜欢向别人表达自己的感受和需要的特点,通过故事让幼儿理解传递快乐的同时自己也会快乐。

活动目标

(1) 使家长知道如何让幼儿在与他人的交流中获取快乐。

(2) 使幼儿愿意在同伴面前大胆地表述自己的想法和意愿。

(3) 向家长传递正确的教育理念,提高教师的组织能力和应变能力。

活动准备

向家长发放"传来传去的快乐"教学活动的邀请函(略)。

活动过程

1. 安排家长就座

将所有家长安排到孩子后面坐,和孩子们隔开一定的距离。

2. 填写观察表

活动前,让家长了解幼儿愿意与他人交流的重要性以及学习如何填写观察表。

3. 进行课前解说(略)

4. 组织教学活动

(1) 游戏导入。

①介绍游戏内容,与幼儿一起玩"传来传去"的游戏。(击鼓传玩具)

②提问：还有哪些东西也可以传来传去？

小结：玩的东西、吃的东西、用的东西，生活中很多东西，都是可以传来传去的。还有一样东西也是可以传来传去的，那就是——快乐。小熊要把自己的快乐传递给谁呢，我们一起来看一看。

(2) 讲述故事，启发提问。

①播放课件完整讲述故事。

提问：故事的名字叫什么？故事里有哪些动物朋友？它们是怎样把快乐传来传去的？让我们再来看看吧！

②再次欣赏课件，帮助幼儿理解故事内容。

师：这个快乐是谁开始传递的，它们是按什么顺序传的呢？

师：小鸡对小熊说了什么？小熊又是怎么回答的？

小鸡收到的玩具是什么样子的？

小鸭对小鸡说了什么？小鸡又是怎么回答的？

小猫对小鸭说了什么？小鸭又是怎么回答的？

师：故事中的小熊说它明白了，那小熊究竟明白了什么呢？

小结：快乐也是可以传来传去的。我们把快乐传递给别人的时候，自己也会感到更快乐。

(3) 交流讨论：我把快乐送给谁。

师：什么时候你会觉得很快乐？你会把快乐传递给谁呢？你想用什么办法把你的快乐传给你的小伙伴、你的爸爸妈妈呢？

(4) 伴随《幸福拍手歌》的音乐结束活动。

（本案例由江西省南昌市西湖幼儿园闵双提供）

6. 教研观摩型

教研观摩型，是指教师邀请家长共同参与园内教研组的教研活动的一种家长开放日活动类别，尤其是需要家长共同进行教育的研讨活动。

家园共研"入园焦虑"活动方案

研讨主题

借助家园互动，寻找帮助幼儿尽快度过入园分离焦虑期的有效教育策略。

活动背景

本次我园选择的教研主题贴近教师的日常教学活动，也是家长们十分关心的话题。这个话题平时我们也会以非正式教研活动的形式或者在小班年级组教师间进行探讨，但都是凭着经验在说、在做。而真正将其作为教研主题来探讨在我园是第一次，故开学初研究了教研方案，并在前期做了一些相应的准备（DV片段），开展过一研，今天进行的是第二次研讨，此次通过家长开放日活动请家长一起参与研讨。

我园教师在9月份的一研当中，针对幼儿入园焦虑问题着重分析、归纳了以下几点：一是幼儿园和教师在孩子入园前要做哪些准备工作；二是根据班上幼儿的表现，大致分析了几种幼儿产生分离焦虑的不同原因；三是教师观察了解了班上家长们送孩子来园时和接孩子离园时的各种表现，认识到其实家长自身也存在分离焦虑的现象，由此引出二研的话题：如何更有效地通过家园携手，指导家长采取有效的策略帮助孩子尽快度过入园不适应期，缓解分离焦虑，也就是今天我们研讨的重点所在。

活动目标

（1）获得帮助幼儿尽快度过入园分离焦虑期的有效教育策略。

(2) 帮助家长了解如何帮助孩子较快地消除入园焦虑等方面的问题，解决在教育幼儿方面的困惑。

(3) 通过园本教研活动更加有效地促进家园互动。

活动准备

(1) 照片（内容为：教师采取了哪些方法与家长进行有效的沟通，家长送孩子来园后的一些行为特写）。

(2) 视频片段（内容为：家长在家，教师在园）。

(3) 各班家长和教师写一份有关"幼儿入园期间的体会"的文章。

参研对象

参加人：园长、休班教师及部分家长。

主持人：胡老师。

活动过程

1. 请家长观摩活动

请家长到各小班观摩幼儿活动投入情况，重点关注幼儿的情绪。

2. 请家长观看视频片段

(1) 观看教师如何帮助幼儿适应幼儿园生活的片段。

主持人提问：

问题一：针对这些哭闹的幼儿，教师指导的策略有哪些？

问题二：哪些有效，哪些作用不大，原因是什么？

大家自由发言，教师根据自己的观察及与家长的沟通了解，分析幼儿哭闹的真正原因，并进行归类。

(2) 观看抓拍的家长送孩子来园后的一些行为特写。

主持人：请大家讨论，说出自己对家长这些现状的想法和思考。

(3) 观看家长在家如何帮助幼儿适应幼儿园生活的片段。

请家长现身说法，谈谈自己帮助幼儿适应幼儿园集体生活的教育策略，同时主持人抛出第三个问题：

问题三：请老师们谈一谈幼儿园该如何进行家园配合，帮助家长掌握一些让幼儿尽快适应幼儿园集体生活的有效教育策略。

3. 大家围绕话题讨论，主持人进行小结

4. 专家点评，提出指导性的意见和建议

（本案例由江西省南昌市出新幼儿园提供）

7. 园本特色型

园本特色型，是指幼儿园依据本园的园本特色开展的一种家长开放日活动类别，如江西省军区幼儿园的景瓷文化、部队文化，江西省直机关保育院的体育特色，南昌市保育院的阅读特色，景德镇天天乐幼教中心的农庄游，江西师范大学幼儿园的陶泥，南昌市出新幼儿园的家长参与教研活动，南昌市东湖幼儿园的科技教育，上饶市保育院亲子阅读等。

小班阅读特色家长半日开放活动方案

设计意图

4月23日是"世界读书日"，我班以此为契机，围绕特色办园理念，开展以"好书润童心，阅读伴成长"为主题的家长开放日活动。这是我班的第二次家长半日开放活动，我们将在上学期分享阅读第一阶段展示活动的基础上，以第三阶段拓展活动的分享为重点来展开，让孩子在与家庭的互动中感受阅读的快乐，帮助家长树立正确的儿童阅读理念，推动全班师幼及家庭读书活动，打造书香班级的特色。

活动目标

（1）激发孩子的阅读兴趣，帮助孩子体验阅读的快乐。

（2）让家长进一步了解分享阅读教学的理念，树立正确的儿童阅读理念。

（3）增进亲子关系及家长和教师间的交流，争取家长对幼儿园工作的支持和配合。

活动准备

（1）在家园共育栏中，张贴收集到的"世界阅读日"有关信息、亲子阅读体会的文章以及家长活动安排表等。

（2）表演用服装、背景音乐等。

（3）提前与幼儿家长取得联系，把人员、时间落实到位。

活动流程

晨间活动（亲子阅读）—早操—共同性活动（职业化妆舞会）—亲子体育活动（传递图书漂流袋）—开心一刻阅读游戏活动（我喜欢吃……）—进餐。

活动过程

1. **晨间活动：亲子阅读**（8:00—8:30）

幼儿和家长一起自主选择图书进行亲子阅读。（提示幼儿如厕）

2. **早操**（8:45—8:53）

要求：幼儿精神饱满、动作协调。（提示幼儿喝水、如厕）

3. **共同性活动：职业化妆舞会**（9:10—9:40）

活动目标

（1）能运用"我们是××"的句式进行大胆表达。

（2）主动参与到游戏中，分享亲子活动的快乐。

活动准备

背景音乐，大读本，家长们提前准备好服装、道具。

活动过程

（1）回忆读本《化妆》的内容，引导幼儿进入活动。

提问：这本读本的名字叫什么？读本里都有谁呢？你想化妆成谁？

（2）幼儿根据读本内容装扮形象进行表演，同时邀请家长们也参与到表演当中。

（3）舞会开始。家长和孩子们从教室两边往中间走，走到指定位置就要进行表演，并且说明读本中的句型"我们是……"，可以进行一些动作和场景的表演。教师重点针对幼儿的大胆参与、表现以及家长的配合方面小结。

（4）在《甩葱歌》的音乐声中走秀，活动结束。（提示幼儿喝水、如厕）

4. 亲子体育活动：传递图书漂流袋（9:50—10:30）

活动目标

（1）孩子能听信号迅速爬过软垫。

（2）家长和孩子体验亲子游戏的快乐。

（3）家长和孩子能遵守游戏规则。

活动准备

图书漂流袋30个，垫子4块。

活动玩法

幼儿分成两组站好，听到老师的信号后迅速爬过垫子，跑到对面家长处，用四肢勾住家长的脖子和腰，家长在筐中拿起一个漂流袋，迅速和幼儿一起返回起点，将漂流袋交给下一个幼儿，幼儿将漂流袋放入地上的筐中，游戏继续。

活动规则

幼儿必须从垫子的起始处开始爬，在垫子的终点处站立，否则从头再跑；漂流袋必须放入地上的筐中，游戏才能继续。（活动后提示幼儿洗手、喝水、如厕）

5. 开心一刻阅读游戏活动：我喜欢吃……（10:45—11:00）

活动目标

（1）能说出完整的句型"我喜欢吃……"。

（2）丰富生活词语，如鱼、花生等。

（3）大胆主动地参与游戏。

活动准备

幼儿已学会儿歌《小老鼠上灯台》，百宝箱，各种常见的食物模型。

活动玩法

幼儿坐成圆形，老师扮成猫，幼儿扮成小老鼠。幼儿一起边念儿歌《小老鼠上灯台》边向中间走，当猫大声喊"喵喵喵"时，小老鼠快速跑回自己的位置。猫去抓，抓到一只小老鼠后，请他到百宝箱摸出一种食物，然后猫问："小老鼠，小老鼠，你喜欢吃什么？"小老鼠看着手里的食物回答说："大花猫，大花猫，我喜欢吃……"（提示幼儿餐前洗手、喝水、如厕）

6. 进餐（11:10—12:00）

要求：能独立吃完自己的一份午餐，不挑食；

能保持桌面、地面、衣服的整洁。

（本案例由江西省南昌市保育院邓俊萍、卢明提供）

"书香伴我成长"全园家长开放日活动方案

设计意图

  4月23日——"世界读书日"即将来临，围绕着"阅读促成长，书香满校园"的办园特色，我园将于4月23日开展以"书香伴我成长"为主题的系列活动。我们将借此活动，进一步激发孩子的阅读兴趣，帮助他们感受读书的乐趣，提高他们的自主阅读能力，为其一生的发展打下坚实的基础。与此同时，我们也将为家长和孩子提供读书、交流、展示、共享的大舞台。

活动目标

  (1) 为家长和孩子提供读书、交流、展示、共享的平台。

  (2) 进一步激发孩子的阅读兴趣，帮助他们感受读书的乐趣，提高他们自主阅读的能力。

  (3) 更好地了解家长，提高活动质量，对幼儿家庭教育方式进行有针对性的指导。

活动准备

  (1) 全天开放亲子阅览室。

  (2) 园内提供各种颜色的卡纸、白纸、手工剪刀；幼儿自带水彩笔、油画棒等制作图书所需要的材料。

  (3) 小班家长为孩子准备一本新图书。

活动流程

  小班开展以"书香润童心，好书伴成长"为主题的图书漂流袋活动—中班开展以"大手、小手画童心"为主题的自制图书评选活动—大班开展以"走进书的世界，秀出七彩童年"为主题的讲故事大赛。

活动过程

（1）小班开展以"书香润童心，好书伴成长"为主题的图书漂流袋活动。以各班为单位，开展半日阅读活动。请小班家长和孩子共同阅读、分享，配合老师开展好这个活动。

（2）中班开展以"大手、小手画童心"为主题的自制图书评选活动。请中班的家长与孩子共同完成图书制作，并积极参与评选。

（3）大班开展以"走进书的世界，秀出七彩童年"为主题的讲故事大赛。请家长积极配合，帮助孩子做好准备。

除以上活动外，各班还将开展以阅读为主题的其他各项活动，如图书角、读书吧、亲子阅览室、好书推荐等。请家长每天抽空与孩子共同阅读，共享亲子阅读的美好时光。

活动反思

"亲子阅读"不仅仅只是读书，它还是一种沟通方式，在阅读过程中增进了家长与孩子的感情，使孩子的心灵得到了更多的关爱，让孩子享受到了读书的乐趣，因此对于亲子阅读活动，家长们都非常赞同和支持，大家都希望以后能多开展此类活动，为家长和孩子提供读书、交流、展示、共享的平台。

活动中的不足之处：在亲子自制图书活动中，有些家长有时太急于帮助孩子，以至于作品变成了家长的作品。从孩子的发展角度讲，如果家长朋友能够有意识地为孩子适当留出思考的空间，根据孩子的情况进行启发性的语言提示，让孩子多动手操作，就更符合孩子现阶段的发展需求，对幼儿思维能力的发展大有好处。

（本案例由江西省上饶市铅山县幼儿园于霞提供）

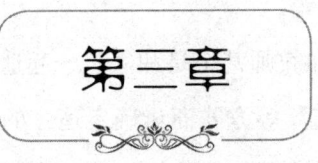

家长开放日活动的筹备工作

家长开放日活动是家园共育的一种重要途径,活动的成功与否,与幼儿园管理者、班级教师的准备与实施工作息息相关。精心的准备,是举办好幼儿园家长开放日活动的关键。

一、管理者的准备工作

作为幼儿园的管理者,幼儿园园长在家长开放日的筹备过程中,既要监督各项工作的进度和落实情况,又要提供物质保障和人员支持,为家长开放日的实施做好铺垫。

(一)确定开放内容、形式及安排

家长开放日的内容,简单地说就是让家长看什么、了解什么。可以用于家长开放日的内容有很多,要依据开放的主题来设计。不同主题的家长开放日,能向家长展示幼儿园不同方面的情况,比如

向家长展示幼儿园的环境条件、幼儿园文化、课程与师资、幼儿成长、幼儿教育观念、方法等。

首先,园长要和教师甚至是和家长一起通过"自上而下"、"自下而上"、"家长参与"等方式商讨确定适合的开放内容、形式、时间段。在讨论时,园长要考虑到家长的需要、季节特征、园所特色、课程进度、家园合作的需要以及幼儿的年龄特点等。比如,小班家长关注的是幼儿的生活自理情况,而大班家长可能会更重视幼儿学习能力的发展。因此在制订活动计划前,幼儿园应有意识地研究不同年龄段的幼儿家长想要看什么、需要看什么,设计不同的开放主题,整体考虑小、中、大班的家长开放活动目标、内容、形式、家长参与的方式等。这样可以避免由于内容的千篇一律让家长感到无聊,或是过于杂乱的环节让家长只看热闹而面忽视了其中的教育意义。

其次,在完成家长开放日的计划制订的基础上,幼儿园要召开全体教师会议,让教师们进一步了解这次开放日活动的目的,在思想意识上达成共识。

最后,给教师提出要求,制定适合本班幼儿发展的具体方案。

(二)审查各班级具体活动安排及方案

各班教师应围绕主题制定出适合本班幼儿发展的具体方案。园长要听取教师对活动安排的汇报,要对活动的计划加以审定,特别是对教学活动的安排要检查、审批,注意班级活动内容要涉及各个领域,动静交替,做到全局平衡、内容平衡,对活动内容的质量、教学开展的质量方方面面都要照顾到。对于有的教学活动,园长要根据教师的执行能力提前进行活动的试教研课,检验活动的预设是否符合预定的目标。事实上,对家长开放日活动进行周密的设计,是为了家长开放日活动中出现的生成性内容能发挥得更具有方向感，更卓有成效。

（三）提供各类活动准备的保障

活动准备包括环境的准备、活动材料的准备、人员的准备等。组织者既要做好室内的准备工作，也要做好室外的准备工作；既要准备好教学活动、游戏活动、生活活动所需要的东西，如活动的教具、器材、奖品，也要做好其他事项的准备工作，比如会场横幅的布置、标语和海报的制作，音响、照相、摄像等设备，设计并复印向家长发放的通知单和问卷、反馈表，做好热情迎接家长的各项准备。园长应为所有的这些准备工作提供保障，以确保活动开展万无一失。

其中，最主要的就是做好人员的保证。园长应根据活动的需要加强协助人员，落实人员具体职责与准备要求，将每个人每项工作完成的要求和日期具体化和明确化，以保障家长开放日安全有序地进行。在此过程中，园长应首先对下级提交上来的活动所需要的人员和物品准备逐一加以审批，然后进行合理的分工。有的交给后勤组做好准备，有的活动还要吸纳家长参与其中。可以由家委会成员协助或组织，也可以通过海报的形式提前张贴出来，让每位家长了解并主动提名承担准备任务。这样既能保证活动的正常开展，也能体现家庭资源、家长作用的最大化。

（四）信息发布

为了让每个家庭都能有质量地参与到家长开放日活动中，幼儿园必须把活动信息通过多种方式传达给每一位家长或每一个家庭。

在准备家长开放日活动的过程中，信息发布采用的手段一般是发放"通知"或"邀请函",发到每个家长手里,或给每个小朋友一张小通知带给家长,做到人手一份。在此,笔者建议"邀请"家长,而不是"通知"家长来参与。因为"邀请"比"通知"具有更积极的意义,更为尊重家长,不仅让家长知道即将发生的事情,而且还请求家长来参与,使家长感受到幼儿园的诚意、友好和热情。

幼儿园还可以采取"给家长的一封信"的方式,用书信文本将要开展的主题、需准备的内容等一一详细写明,放在孩子的成长册中,这样,家长忘记时可以拿出细读。此外,幼儿园还可以海报的形式张贴在幼儿园大门口或班级门口的"家园之窗",或利用幼儿园网络平台或手机短信向家长发出邀请,再次提醒家长关注活动信息和及时参加活动。

幼儿园要做到尽早以形式多样的信息发布方式告知家长活动内容和时间,让家长和孩子做好充分的准备,因为大多数家长平时工作繁忙,参与幼儿园活动都是利用工作之外的时间。尽早告知,便于家长能在一个时间段内妥善安排自己的工作并做好参加活动的准备。比如:大班要开展春季亲子体育游戏大比拼活动,班级教师可以把亲子体育游戏的玩法及规则,提前两周在班级门口的"家园之窗"告知,以便家长了解;教师还应该将活动对孩子的发展价值告知家长,引导家长有针对性地在准备过程中发展孩子的能力,而不是为准备而准备;要鼓励家长多抽空和孩子在家里一起熟悉游戏玩法,这样既保证了当日亲子游戏比拼的有序性,又有效增强了平日里的亲子互动。

(五)场地的确定

每次活动的目的、内容、形式不同,对场地的需要也不同。比如，对家长公开教学活动，就要考虑班级教室的空间布置及物品摆放，以满足幼儿活动、家长参与的需要；而节日活动总是需要有一个相对较大的会场，有时还要求会场符合活动主题、家长和孩子活动的要求。比如，亲子体育节就需要在户外操场上举行，以满足幼儿举行入场仪式、班级幼儿操节展示、亲子游戏的需要；新年联欢会，则要在有舞台的多功能厅举办，供幼儿表演互动；"温暖的重阳节"则需要走入社区，请社区老人加入等。全园各班都要举行活动时，园长要事先整体安排好场地，否则，容易出现场地冲突。在正式开放活动以前，园长有必要带领相关安全部门去现场查看一下，最主要的是要考虑到场地的安全。比如，地面上有无不安全的尖锐物，音响电器用电是否安全，场地座位安排疏密是否适当，是否注意给孩子留出走路的安全通道，是否有安全的温馨提示等。此外，还要给家长提供方便，留有家长的站、座位让家长能够看到开放日的活动。

二、带班教师的准备工作

家长开放日活动的开展关系到教师能否把正确的教育理念有效地传递给家长，也关系到家长能否更好地理解并配合班级的教育教学工作，更关系到教师与家长能否建立一种平等、合作、互助的关系，以促进幼儿各方面的和谐发展。因此，教师如何做好家长开放日活动准备至关重要。

（一）制订班级活动计划

在班级整体的计划制订过程中，教师首先要进行摸底工作，向家长发放"家长开放日调查表",对参加活动的家长人数、年龄、感兴趣的活动内容、开放时间等进行摸底,广泛征集建设性意见,从而使开放日更有目的、更具实效。其次,在整理调查表的基础上,班级三位教师共同确定家长开放日活动的主题,同时根据主题和活动的需要,和家长进行交流,使家长参与到计划的制订中,让家长的观点和建议成为活动方案的一个重要组成部分,保证活动计划的有效性,同时也能调动家长积极配合班级教师做好资料的收集、准备工作。最后,将班级制订的活动计划上交到年级组或园长,经过讨论、试教并加以完善,形成完整的班级家长开放日活动计划。

在活动计划的准备中,教学活动的设计尤为重要。一个好的教学活动能够激发家长对幼儿园教育课程的理解,改善家长的教育观,同时也能够赢得家长的尊重、信任和配合。

首先,教学活动内容的选择要符合幼儿的年龄特点,使孩子感兴趣,其隐含的教育价值是与主题紧密联系的,活动的内容要成为家园共育的一个平台。

比如,在中班的家长开放日"能干的我"主题活动中,教师设计的教学活动"我会用筷子"来源于孩子的生活,是他们所熟悉和感兴趣的,从用勺子过渡到用筷子,与中班孩子的自然学习特点相吻合,活动内容的选择具有教育的衔接性。该活动有利于家园同步地引导孩子正确地使用筷子。

其次,教师的教学方式与策略直接影响着整个活动的效果。孩子们的学习主要依赖于两种方式,一种是接受式学习,另一种是探究式学习,两种学习方式相辅相成,缺一不可。在幼儿园教学过程中,很多教师更多地采用了接受式学习,忽略了探究式学习在孩子能力发展过程中的重要价值。活动中,更多地采用自主探索、动手实践、合作交流会让孩子们在活动中更加活跃，让整个活动变得丰富多彩，也能让孩子与家长亲身感受活动的意义和价值。活动设计中，教师还应注意各个环节要层层递进，既要动静交替，又要考虑活动中的安全性。

最后，家长的参与会增加孩子的学习兴趣。在教学活动设计中，教师应站在家长的角度去考虑问题，吸引家长参与到教师与孩子的互动中来，充分发挥家长的作用。

比如，在"我会用筷子"活动中，家长可参与指导孩子正确使用筷子，保证孩子安全，与孩子一起分享和交流等，让每个孩子都能够获得成功和自信。

家长的参与让开放日活动真正成为家园共育的重要渠道。

（二）准备活动材料

"好的开始等于成功的一半。"教师不可小看家长开放日前活动材料的准备，它是活动成败和教育效果好坏的关键因素。在家长开放日活动前，教师需要做两方面的准备：一是教学材料的准备，二是班级环境的准备。教学材料的准备，包括与主题相关知识经验的准备和教具的准备。家长开放日中教师设计的教育活动是建立在孩子们已有的知识经验基础上的，因此教师可以在活动开展前，告诉孩子将要进行的活动主题与内容，使他们在活动前主动做好准备。教具是孩子们进行活动探索的必要支持物。准备的教具应在数量上保证孩子的操作需要，同时种类应多样。教具既可以是教师根据活动内容自己准备的，也可以是和孩子、家长一起商量，共同准备的。

除了教学中的准备，良好的环境也能激发家长参与开放日活动的兴趣与热情。首先，教师应创设与主题相关的环境，使家长对活动的主题、目标更明确。其次，教师应创设亲切温暖的环境。比如，在教室的走道、墙上张贴一些欢迎词，用幼儿的美术作品布置教室墙面，把各种区域柜、地垫整齐摆放好，不用的桌椅围放在幼儿活动的周围，尽可能为家长提供坐的位置等。通过对教室的空间、家长的站位进行精心的策划等，让家长感受到自己是受欢迎的，同时也意识到自己是活动中的重要成员之一。教师要意识到自己的一言一行都在传递着欢迎家长到来的信息，比如，教师穿着得体，精神饱满，微笑欢迎家长和孩子，热情主动问好，并带领他们参观教室，同时说明活动安排等。如果家长感受到了这些气息，那么，在家长开放日活动中，教师和家长之间的交往、家长的参与就会更好地进行。

（三）做好信息发布工作

为了让每个家长都能积极地参与到开放日活动中来，班级老师应做好以下宣传工作：一是张贴"通知"或海报，把整个活动的内容张贴出来，使家长了解活动流程，知道开放日活动主要是做些什么。二是发"邀请函"，通过邀请函让家长感受到班级教师的诚意、友好和热情。三是要确保每个家长知情。教师除了采用集体交流的形式以外，还可针对没有时间接送孩子的家长及不认识字的祖辈家长等，采取个别交流的形式，让每个家长都能了解情况。四是告诉孩子，让孩子在活动前有思想上的准备，能够在家长开放日当天把自己最好的一面展现给家人看。五是对于要参加开放日活动的家长，需要园方出具"证明"的，教师要及时给家长提供"证明"，或者在邀请函上盖上幼儿园的公章，便于家长请假。

海 报

敬爱的大一班爷爷奶奶、外公外婆们：

"九九重阳节，浓浓敬老情。"10月13日的重阳节马上就要来临了，首先，我班全体老师和小朋友们向爷爷奶奶、外公外婆们致以节日的问候，祝您们身体健康，节日愉快！

重阳节是一个敬老爱老的日子，我班将在10月11日15:00—17:00在班级举行祖孙同庆系列活动，活动分为两个环节，具体安排如下：

（1）"快乐祝福"环节，由我们班的孩子在班级门口为爷爷奶奶、外公外婆赠送一份亲手制作的手工作品，说上一句祝福的话，献上一份真心的祝福。

（2）"真情对对碰"环节，让孩子们用歌声、舞蹈、诗朗诵及祖孙互动小游戏与老人们共庆节日，用行动来表达对老人的爱，用感恩的心来关爱长辈、关心老人。

爷爷奶奶、外公外婆们，让我们期待这个共同的日子，敬请你们踊跃参与吧！

大一班全体老师、小朋友们
2013年9月29日

邀 请 函

尊敬的小一班家长：您好！

为使您更好地了解孩子在幼儿园这个大家庭中的学习生活情况，我班定于5月16日举行家长开放日活动，盛情邀请您参与！我们期待着与您共同分享孩子成长的点点滴滴。敬请您准时光临！

小一班
2011年5月13日

第四章

家长开放日活动方案制定和调整

精心设计的方案,是家长开放日活动达成目标、取得良好效果的保证。它既是家长开放日筹备的核心内容,又是家长开放日实施的前提,是联系二者的桥梁。因此,教师要格外重视家长开放日方案的制定。只有精心预设方案,尽可能地把开放日活动实施过程中遇到的变量都考虑进去,才能在实施的过程中做到灵活应变、因时制宜。本章内容本该属于活动筹备范畴,但为了说明方案制定和安排的重要性,本书单独成章通过案例,来帮助幼儿教师学会科学合理地制定全园和班级家长开放日方案。

一、全园性家长开放日整体活动方案制定和调整

全园性家长开放日,涉及幼儿园的所有班级,对场地、人员和内容等都有特殊的要求。园长不仅要调动全园教职工、家长和幼儿参与到方案的制定工作中,还要根据活动的实施情况对实施

后的方案做适当的调整，完善活动方案，为以后的活动提供借鉴和参考。

（一）方案制定依据

教师、年级组、园长、家长都是全园性家长开放日整体活动方案和安排的制定者。因此，在制定全园性家长开放日活动方案时，幼儿园要考虑以下几个方面：

（1）根据本园年龄班的数量、场地的容量、活动主题的特点，科学合理地安排开放的时间段。可以三个年龄段同时在一天进行，也可分天分时间段进行。

如果班级数量少，场地足够大，全园可以同步进行，还可以混龄以大带小向家长开放活动。如果场地不允许，就要考虑多时段、多形式地对家长开放活动。比如，针对大型年级体育节活动，由于小班幼儿秋季刚入园，情绪极不稳定、动作发展较慢、集体生活还不适应，可以把小班体育节安排在四五月进行。中、大班幼儿则可以在春、秋两季举行体育节。如果由于场地原因，两个年级的体育节不能在同一时段进行，则可以错开时间段。班级教学观摩由于在班级教室进行，全部班级可以在同一天对家长开放。

教师也可以根据家长最关注的问题有目的地在一学期中分时间段进行不同内容的开放。比如，小班新生家长最担心孩子入园后进餐、睡觉、如厕的问题，教师可以在幼儿入园一周后将幼儿一日的这几个环节向家长公开，让家长看到孩子在教师有序的组织下进行自我服务的情况，减少家长的担忧；小班幼儿入园三个月时，可以向家长公开孩子的半日活动，让家长全方位地了解孩子在幼儿园的变化。

教师还可以根据主题的特点合理安排活动时间。比如，把"我和爸妈学雷锋"活动安排在三月份学雷锋日更有纪念意义；把"爱心大传递"活动安排在六一儿童节前夕，通过家长和孩子共同捐款、捐物送给困难地区的孩子作为节日礼物的方式，培养孩子爱的情感等。

（2）关注幼儿不同年龄段的需求。比如：对于刚刚入园的小班幼儿，可以开展以"宝宝的新家"为主题的开放日活动，满足家长详细了解宝宝在园生活环境和状况的需要；中班幼儿交往及合作能力有了很大的提高，以"快乐的区角游戏"为主题的开放日活动，能让家长体会"在游戏中学习"、"在操作中学习"的重要性，树立正确、科学的育儿理念；大班幼儿的身体运动能力及知识技能有了极大的提高，通过组织"亲子运动会"、"幼小衔接展示会"，能使家长全面了解幼儿各项能力的发展水平。

（3）鼓励班级的活动彰显个性。同一年龄段的平行班级，不仅在运动、生活活动的具体内容上有所不同，而且学习活动、游戏活动的具体内容也有所区别。因此，在教学公开活动日，平行班安排的领域活动内容要尽量丰富。比如，大一班的学习活动是社会领域的"让爱传递"，大二班的学习活动是健康领域的"学做解放军"，大三班的学习活动是艺术领域的"我和老师在一起"等。

（4）注意教育的衔接性。不同年龄阶段教育的侧重点是不同的。比如，在大班的学习活动中安排了"整理书包"、"我想上小学"，这是有利于幼儿做好进入小学的准备；在小班的学习活动中安排了"我们都是好朋友"，这是有利于培养幼儿喜爱幼儿园的情感。

（5）重视家长的参与、指导性。幼儿园要吸引家长参与幼儿园的课程建设，更多地站在家长的角度去思考活动的主题，去选择活

动的内容，去安排活动的形式，这样就能吸引家长的参与互动，充分发挥家长的作用。

（二）方案内容与框架

全园性家长开放日整体活动的方案内容很丰富，有幼儿在园的一日活动，包括学习活动、游戏活动、区域活动、运动活动、生活活动；有专门为家长开展的问题沙龙研讨活动；有大型节庆、特色活动等；还有家庭教育指导活动，让家长在幼儿园三年时间从不同的活动中了解幼儿的发展和幼儿园的发展，从而积极主动地参与其中，提高科学育儿经验。

方案的框架一般包括开放活动的主题名称、设计意图、活动目标、活动准备、活动流程等。在制定开放日活动目标时，要求目标清晰、可行。目标既要有对家长参与活动的期待，又要有对幼儿发展的要求，两者缺一不可。开放日的准备工作要求细致、全面，包括环境布置、教学材料投放、场地的安排等。开放日的活动流程要求科学、严密，要体现家长在开放活动中的角色安排，重视家长的参与。

××幼儿园家长沙龙活动开展方案

设计意图

为了加强幼儿园与家长的沟通，共同办好教育，促进孩子幸福成长，幼儿园决定以年级为单位分别召开家长沙龙活动，宣传幼儿园的教育教学理念，介绍幼儿园开展的各项活动，认真听取家长对幼儿园管理和教育教学的意见和建议，推动幼儿园教育教学工作更上一个台阶。

活动目标

（1）通过分年级主题式家长沙龙活动，鼓励不同教养群体的家长参与到孩子的培养过程中，了解并掌握不同年龄段幼儿的身心发展特点，真正转变家长的教育理念。

（2）为家长提供宽松自由的言论空间，交流育儿心得。

（3）针对家庭教育中的亲子矛盾和亲子沟通问题，为家长提供一定的教育策略和启示。

活动准备

（1）各年级根据自己年级活动时间提前一个月调查家长对沙龙活动感兴趣的话题并汇总。

（2）教师做好相关内容资料查询工作，以集体备课的形式讨论沙龙方案并完善，交分管科长。

（3）出一期沙龙活动海报张贴在幼儿园宣传栏，并在当月本班班级网页"家园互动栏目"告知家长，进行相关主题发帖和回帖工作。

（4）家长自愿报名参加，向报名参加的家长发出邀请信和分发资料。

（5）活动负责人事先在年级家长中摸底，围绕沙龙研讨主题，提出个别在这一方面做得较好的家长，并与之沟通，作为会上的案例进行交流。

（6）做好人员的分工，准备好家长签到表、会议记录本、活动反馈表、笔，做好当天活动的拍照和录影工作，布置场地及与本次活动相适应的环境。

（7）当天活动结束后，对家长的网上回帖工作继续回复，并将家长的发言、反馈表进行整理，并留作整体文字资料进行存档。

活动流程

(1) 15:15　家长提前在幼儿园四楼多功能室门口签到、入座。

(2) 15:30—16:45　主持人宣布家长沙龙活动开始并进行活动。

活动中，主持人要围绕主题，为家长提供宽松自由的言论空间，引发家长互动，为家长提供一定的教育策略和启示。

(3) 16:45—17:00　发放、收取家长对本次活动的反馈表。

附：各年级活动安排

活动时间	内容和主题	参加人员	主持人	地点
10月7日 15:30—17:00	"怎样帮助小班孩子顺利地度过分离焦虑期"	小班幼儿家长及部分小班老师	小班年级组长	幼儿园四楼多功能室
10月15日 15:30—17:00	"幼儿在园行为习惯的培养"	中班幼儿家长及部分中班老师	中班年级组长	幼儿园四楼多功能室
11月5日 15:30—17:00	"孩子入学，我们一起来准备"	大班幼儿家长及部分大班老师	大班年级组长	幼儿园四楼多功能室

（三）方案讨论及调整

下面，我们通过一个案例来看开放日活动方案如何进行修改。

2011年度第一学期××幼儿园对家长开放半日活动方案

设计意图

不同年龄段的家长都非常想了解孩子在幼儿园学了什么？孩子在幼儿园的一天是怎么过的？在幼儿园生活得快乐吗？为了让家长更近距离地了解幼儿园的半日活动内容及要求，了解孩子一学期的进步和变化，更进一步感受幼儿园的教育理念，本园各年级将向家长开放上午半日活动。

活动目标

（调整前）

（1）通过幼儿的半日活动展示，使家长了解孩子在幼儿园的发展情况，并关注同年龄阶段其他孩子的发展情况。

（2）帮助、指导家长积极参与到幼儿教育中来。

【分析】本活动的两条目标都是以家长为中心来设置的，重在帮助家长了解孩子、参与教育，这是值得肯定的。不足之处在于，"展示"一词的使用容易误导家长对孩子进行横向比较。

（调整后）

（1）通过幼儿的半日活动开展，使家长了解孩子在幼儿园的发展情况，并关注同年龄阶段其他孩子的发展情况。

（2）鼓励、帮助、指导家长积极参与到幼儿活动中，在活动中感悟、运用幼儿教育理念。

活动准备

（调整前）

（1）各年级以集体备课的方式设计各班半日活动计划。

（2）创设与本次活动相适应的环境。

（3）向家长发放活动邀请函（说明活动时间、内容），请家长做好工作上的时间调整等。

（4）做好欢迎家长的海报。

（5）发放家长反馈表。

【分析】从准备阶段来看，准备工作是比较细致的，既包括了班级的活动设计和环境布置，又包括了向家长发放邀请函和反馈表，做好欢迎家长的海报，这是值得肯定的。不足之处在于，没能吸纳家长参与到集体备课和环境布置中去。

（调整后）

（1）首先向家长发放"家长开放日调查表"，进行摸底工作，向家长广泛征集建设性意见。

（2）在整理调查表的基础上，以集体备课的方式制订各班半日活动计划。同时，根据主题和活动的需要，和家长进行交流，使家长参与到计划的制订中来，让家长的观点和建议成为活动方案的一个重要组成部分，保证活动计划的目的性、有效性。

（3）调动家长的积极性，使其配合班级教师创设与本次活动相适应的环境。

（4）向家长发放活动邀请函，请家长做好工作上的时间调整等。

（5）做好欢迎家长的海报。

（6）设计好当天活动的家长反馈表。

活动流程

（调整前）

1. 2011年11月20日上午7:30—12:00开展活动，各班按照幼儿园作息时间进行活动

（1）中、大班半日活动作息安排。

7:30—9:00　户外体育游戏及早操活动

9:00—9:15　生活活动（各班教师做好活动当天家长签到、发放家长反馈记录表等工作）

9:15—9:45　学习活动（在学习活动前，请执教的教师向家长介绍本次学习活动的设计意图及目标）

9:45—10:00　生活活动

10:00—10:45　分组活动（区域活动、功能房或户外游戏活动）

10:45—11:00　盥洗、餐前活动

11:00—11:40　幼儿午餐（家长站在教室外走廊看，11:30以后家长填写本次活动反馈表）

11:40—12:00　散步、睡眠活动（家长离园）

（2）小班半日活动作息安排。

7:30—8:55　室内晨间区域活动（各班做好活动当天家长签到、发放家长反馈记录表等工作）

8:55—9:15　生活活动

9:15—9:30　学习活动（在学习活动前，请执教的教师向家长介绍本次学习活动的设计意图及目标）

9:30—9:45　生活活动

9:45—10:45　户外体育游戏及早操活动

10:45—11:00　盥洗、餐前活动

11:00—11:40　幼儿午餐（家长站在教室外走廊看，11:30以后家长填写本次活动反馈表）

11:40—12:00　散步、睡眠活动（家长离园）

2. 具体活动安排

【分析】从活动当天的流程来看，整体的布局比较规范，要求各班按照幼儿园的作息时间，向家长开放半日活动；环节的安排比较全面，要求各班做好家长的签到工作，向家长介绍学习活动的目标，发放家长反馈表。这些都是值得肯定的。不足之处在于，没能根据活动进行情况安排好家长的座位，家长自始至终处于听课、看活动的旁观者地位，没能在活动的各环节使家长参与孩子的一些活动。这样，家长就会处在完全被动的服从地位，而难以产生参与幼儿园活动的主动性意识，不能体验教育的真正价值，感受不到与孩子一起活动的快乐，体会不到教师工作的辛劳。

(调整后)

1. 2011年11月20日上午7:30—12:00开展活动，各班按照幼儿园作息时间进行活动

(1) 中、大班半日活动作息安排。

7:30—9:00　户外体育游戏及早操活动（鼓励、指导家长参与体育游戏，学习和孩子一起玩，增强家长的参与意识，提高互动能力）

9:00—9:15　生活活动（摆放好家长的座位，各班做好活动当天家长签到、发放家长反馈记录表等工作）

9:15—9:45　学习活动（在学习活动前，请执教的教师向家长介绍本次学习活动的设计意图及目标，鼓励家长参与学习的互动环节）

9:45—10:00　生活活动

10:00—10:45　分组活动（区域活动、功能房或户外游戏活动）

10:45—11:00　盥洗、餐前活动

11:00—11:40　幼儿午餐（11:30以后家长填写本次活动反馈表）

11:40—12:00　散步、准备午睡活动（散步环节融入户外亲子自主交流、观察园内自然物、小型游戏活动内容，家长离园）

(2) 小班半日活动作息安排。

7:30—8:55　室内晨间区域活动（各班做好活动当天家长签到、发放家长反馈记录表等工作，鼓励、指导家长参与到幼儿的区域活动当中，和孩子一起玩）

8:55—9:15　生活活动（摆放好家长的座位

　　9:15—9:30　　学习活动（在学习活动前，请执教的教师向家长介绍本次学习活动的设计意图及目标）

　　9:30—9:45　　生活活动

　　9:45—10:45　 户外体育游戏及早操活动（融入亲子体育游戏，增强家长的参与意识）

　　10:45—11:00　盥洗、餐前活动

　　11:00—11:40　幼儿午餐（11:30以后家长填写本次活动反馈表）

　　11:40—12:00　散步、准备午睡活动（散步环节融入户外亲子自主交流、观察园内自然物、小型游戏活动，家长离园）

2. 具体活动安排

二、班级家长开放日活动方案制定和调整

在幼儿园家长开放日活动中，班级家长开放日活动因为家长参与率高、互动性强，成为幼儿园家长开放日的主要形式。班级家长开放日活动方案的制定则是有效开展活动的关键。

（一）方案内容与框架

班级家长开放日活动方案要根据全园开放日活动方案而制定，相对全园开放日活动方案而言，它更加具体、详细，操作性更强，而且可在全园开放日活动方案的基础上呈现本班的特色以及本班教师的教学风格和个性，班级家长开放日活动方案可以百花齐放、百家争鸣。其主要格式包括活动名称、设计意图、活动目标、活动准备、活动流程、活动过程等。班级活动方案不是一成不变的，它可

以根据活动情况、幼儿的兴趣等不断调整。以下是小、中、大班三个不同年龄段以观摩教学活动为主的开放日活动方案调整思路，可为大家不断完善班级家长开放日活动方案提供一些借鉴和参考。

（二）方案讨论与调整

我们结合以下三个案例，看看班级家长开放日活动方案如何设计和调整。

小班社会领域家长开放日活动：团团圆圆吃月饼

设计意图

中秋节时期正值小班幼儿入园不久，为了满足家长想了解孩子的需求，教师决定以中秋节活动为主题，以开展社会领域的集体教学活动"团团圆圆吃月饼"为核心，通过问卷、观摩、互动游戏、研讨等环节，让孩子们在亲情氛围中理解中秋节是家人团圆的节日，也让家长走进班级与孩子互动，了解孩子在班的学习、生活状态和班级的教学管理、教学模式，领悟幼儿园教学理念，从中思考家庭教育的重要性，形成家园共育的凝聚力。

【分析】从设计思路来看，围绕社会活动"团团圆圆吃月饼"来开展家长开放日活动，不仅反映了教师具有开放的教育理念，把幼儿学习的课堂从幼儿园延伸到家庭，还能引起家长对家庭教育的关注。

活动目标

> 调整前

（1）知道中秋节是亲人团圆的节日，初步理解亲人的含义，能用自己力所能及的方式祝福亲人。

(2) 通过为妈妈送月饼的亲子游戏，增进家庭成员之间的亲情。

【分析】从上述目标中可以看出，教师从幼儿认知及情感上提出了基本要求，却没有想到为家长预设一些目标。作为家长开放日活动，只为幼儿设定目标是不够的，因此，教师应在亲子游戏中增加家长对孩子的独特引导内容，凸显家长开放日的优势。

调整后

(1) 引导孩子知道中秋节是亲人团圆的节日，初步理解亲人的含义。

(2) 通过亲子游戏，孩子能对亲人说出祝福的话，并能用力所能及的方式祝福亲人，增进亲情。

活动准备

调整前

(1) 教具准备：中秋月夜挂图1张，家人团圆图片1张，手机1部，电话铃声。

(2) 游戏准备：一家三口，每个家庭准备小月饼1块、塑料小刀1把、桌子1张、托盘1个。

【分析】在活动准备中不难发现，教师只做了材料的准备，而且也只有比较传统的单幅图片，缺少新意与美感。作为家长开放日活动，要让家长们共同参与教育的全过程，其中很重要的就是前期的经验准备。因此，教师应该增加经验准备内容，并将单幅图片改成组合性的可操作性图片，以增强活动的趣味性。最后，教师可以根据活动中游戏的调整情况对材料进行更换。

调整后

(1) 经验准备：请家长在家带领幼儿连续观察月亮的变化一周以上；幼儿欣赏并品尝过月饼。

(2) 教具准备：中秋月夜挂图1张，家人团圆图片1张；爸爸、妈妈、爷爷、奶奶、外公、外婆、宝宝等人物卡片各1张；放有月饼的圆桌卡片1张；手机1部，电话铃声，歌曲《爷爷为我打月饼》。

(3) "亲人团圆吃月饼"游戏准备：每个家庭准备小月饼1块、塑料剪刀1把、圆托盘1个、亲人头像6个。

活动流程

发放"家长活动须知"—活动观摩展示—教师与家长共同参与问卷教研。

活动过程

1. 发放家长活动须知

社会活动"团团圆圆吃月饼"家长活动须知

1. 在游戏活动中，请指导幼儿正确说出亲人的称谓，引导幼儿对亲人说出祝福的话。

2. 观察要求：观察孩子在本次活动中是否了解传统中秋节的含义（全家团圆）；观察孩子在游戏活动"我给爸爸送月饼"中，能否与亲人共同分享月饼。

3. 请思考您的孩子还需要哪些社会性教育，有哪些途径。

【分析】从家长问卷内容来看，不仅可以让家长有目的、有针对性地参与到活动中，而且能引发家长对家庭教育内容的专题思考，可达到增强家园共育的目的。

2. 活动观摩展示

(1) 中秋节月儿圆。

①引出中秋节。

出示"中秋月夜"图片，提问：这是什么时候？你是从哪儿看

出来的？这天晚上的月亮是什么样子的？你知道为什么这天晚上的月亮会又大又圆吗？（引出中秋节）

②中秋团圆。

出示"家人团圆赏月"的图片，提问：图上有谁？他们在干什么？（引出中秋节家人团圆赏月吃月饼）

小结：在每年的八月十五中秋节这天，月亮又圆又大，全家人在一起，一边欣赏着美丽的月亮，一边品尝着甜甜的月饼，一边聊着开心的事情，别提多高兴啦！

【分析】在活动的第一个环节"中秋节月儿圆"中，教师采用启发提问的方式，旨在引出活动主题，使幼儿了解中秋节的特征和含义。

(2) 我的亲人有哪些。

师：再过几天就是中秋节了，你们也要和自己的亲人们团聚在一起，共同欢度节日。王老师也要回到爸爸妈妈的身边，和我的亲人们团圆，我的亲人有爸爸、妈妈、弟弟、妹妹，还有我的女儿。你们的亲人都有哪些呢？（幼儿说出自己家的亲人）

小结：（教师出示月夜团圆图）你们刚才说出了这么多亲人，有……（说一种就指出相关的人物）这么多亲人团聚在一起，多高兴啊！

【分析】第二个环节"我的亲人有哪些"，是由教师示范讲解自己的亲人和幼儿介绍自己的亲人两部分组成。教师首先通过讲解自己的亲人，帮助幼儿初步理解亲人所指的范围，为幼儿讲述亲人做铺垫。在幼儿介绍完自己的亲人后，教师有一个小结，在这个过程中幼儿容易出现重复。建议教师将介绍亲人的过程变成一个具有直观性的操作活动——"请客人上大桌吃团圆饭"。教师可以先出示月夜背景图，将圆桌放置在图片中央，然后引导幼儿说出相关人物。

教师将其人物卡片放在圆桌的周围，帮助幼儿梳理亲人的范畴，防止幼儿说出重复的人物名称，同时利用儿歌梳理帮助幼儿理解节日含义。

调整后的第二个环节

（2）和亲人团圆。

①我的亲人有哪些。

师：再过几天就是中秋节了，你们也要和自己的亲人们团聚在一起庆祝节日，老师也要回到爸爸妈妈的身边，和我的亲人们团聚。我的亲人有爸爸、妈妈、姐姐、弟弟，还有我的女儿。

②师：你们的亲人都有哪些呢？（幼儿说出自己家的亲人）

③教师小结提升：（出示月夜背景图，将圆桌放置在图片中央）你们刚才说出了这么多的亲人，有……（说一种就将相关的人物卡片放在圆桌的周围）这么多亲人团聚在一起，多高兴啊！

④学习儿歌《中秋节》：八月十五日，中秋月儿圆，吃了甜月饼，家家好团圆。

（3）亲子游戏：给爸爸送月饼。

①（手机铃声响起）老师接听电话："喂，你好，你是谁啊？哦，是爸爸呀，你过节要在单位值班，不能回来和亲人团圆了，你很想和家人一起吃月饼，想让宝宝和妈妈一起给你送去，对吗？好的，我会告诉宝宝的，再见。"

②玩亲子游戏：爸爸和宝宝站在起点处，宝宝手里拿着一小块月饼，妈妈站在终点，终点处放着一张桌子，桌上放着一个托盘和一把塑料小刀。游戏开始，爸爸用骑马的方式将孩子和月饼送到终点，放下孩子，孩子将月饼放到托盘里，妈妈用塑料小刀将月饼分成三份，三个人各吃一份，快者为胜。

【分析】第三个环节"给爸爸送月饼",偏重于体育游戏,而且没有给幼儿提供说的机会。这是一个社会性活动,应让孩子在情景中多练习用语言来表达对家人的祝福,用动作来表达对家人的热爱,学习分享、学会表达。这个环节对有的幼儿来讲可能难以做到,因此教师要充分发挥家长的助教作用,可以将其改进为一个亲子操作活动"亲人团圆吃月饼"。在亲子操作活动中,家长可以对幼儿说出的亲人称谓起到鉴定的作用,同时可以引导幼儿在送月饼时,说出对亲人祝福的话,这能更加体现社会领域的范畴,凸显家长教育引导的优势。

调整后的第三个环节

(3) 亲子操作游戏:亲人团圆吃月饼。

①情景游戏:我给爸爸送月饼。

(手机铃声响起)老师接听电话:"喂,你好,你是谁啊?哦,是爸爸呀,你过节要在单位值班,不能回来和我们团圆吃月饼了。你很想和家人一起吃月饼,那我们给你送去吧。"

②师:你们想和家人一起团圆吃月饼吗?

③亲子操作游戏:我请亲人吃月饼。

玩法:幼儿请亲人上桌,和家长一起切月饼分给大家吃,并说祝福的话。(家长在此环节中引导幼儿正确说出亲人的称谓以及对亲人祝福的话)

增加的第四个环节

(4) 庆祝中秋。

播放《爷爷为我打月饼》的歌曲,请幼儿和家长一起唱歌、跳舞。

师:我们班就是一个大家庭,今天我们团团圆圆在一起过中秋节。请宝宝拉着亲人的手,听着音乐一起唱起来、跳起来吧!

【分析】最后,幼儿在欢乐的舞蹈中感受与亲人团圆的快乐,结束活动。

3. 教师与家长共同参与问卷教研

家长根据须知中提出的观察要求,进行专题问题研讨。

【分析】教师与家长一起研讨家长须知中的问题,把幼儿学习的课堂从幼儿园延伸到家庭,引起家长对家庭教育的关注。

中班社会领域家长开放日活动:妈妈,我爱你

设计意图

现在的孩子都是家里的"小皇帝"、"小公主"。全家人都以孩子为中心,爱着、宠着,导致孩子缺乏关爱他人的能力。因此,教师以"三八妇女节"活动为主题,以开展社会活动"妈妈,我爱你"为核心,尽可能让幼儿在活动中体会妈妈的爱,知道妈妈工作的辛苦,萌发关心妈妈的情感。同时,让家长思考"感恩教育"的重要性,了解社会领域的教育内容。

【分析】从设计意图来看,既说明了教师比较了解现代幼儿"感恩教育"的缺乏,以及产生这一弊病的家庭成因,也表明了教师重视通过开展活动来帮助幼儿建立"感恩"的好行为。

活动目标

调整前

(1)了解妈妈的辛苦,萌发爱妈妈的情感。

(2)了解护士妈妈的工作和辛苦。

【分析】活动的两个目标,虽然都是围绕有关妈妈的节日和工作来制定的,但是,在"妈妈,我爱你"这个集体活动中,应该首先让孩子们了解妈妈哺育自己的辛苦,从而萌发爱护、关心妈妈的

情感。

调整后

(1) 了解妈妈哺育孩子的辛苦,感受妈妈对自己的爱。

(2) 在游戏中体验当妈妈的不易,懂得关心、爱护妈妈,知道自己的行为能使妈妈快乐。

活动准备

调整前

(1) 音乐《世上只有妈妈好》。

(2) 请家长是护士的妈妈们自主拍摄自己在家里辛苦做事以及在单位辛苦工作的照片或录像。

【分析】作为家长开放日活动,要让家长们共同参与教育的全过程,其中很重要的就是前期的经验准备。

调整后

(1) 经验准备:事先让妈妈和幼儿一起翻阅幼儿成长的趣味照片,聊聊照片背后的故事,让幼儿了解妈妈怀孕和照顾宝宝的辛苦,感受妈妈对自己的爱。

(2) 教具准备:教师选取幼儿妈妈怀孕和照顾孩子的照片,制作成PPT;音乐《我的好妈妈》。

(3) 游戏准备:每个妈妈和孩子为1组,每组1个气球、1件外套。

活动流程

发放家长活动须知——活动观摩展示。

活动过程

1. 发放家长活动须知

> **社会活动"妈妈，我爱你"家长活动须知**
>
> 1. 请妈妈事先和孩子一起翻阅孩子成长的趣味照片，聊聊照片背后的故事，让孩子了解妈妈怀孕和照顾宝宝的辛苦，感受妈妈对自己的爱。
>
> 2. 观察要求：观察孩子在本次活动中是否对关心、爱护妈妈的方法有了一定的了解；观察孩子在游戏活动"我来当妈妈"中，是否体验了当妈妈的不易。
>
> 3. 对于感恩教育，您有哪些方法？

【分析】从家长活动须知内容来看，不仅可以让家长有目的、有针对性地参与到活动中，而且能引发家长对感恩教育的思考，可达到增强家园共育的目的。

2. 活动观摩展示

（1）我的好妈妈。

①播放PPT，请孩子们看妈妈们在家辛苦忙碌的样子。

提问：妈妈在家里都要做什么事？

②展示PPT，请护士妈妈介绍自己的工作。

师：妈妈们不仅在家里要做很多家务，而且小朋友在上幼儿园的时候，妈妈们还要去上班，妈妈们很辛苦。

【分析】在第一个环节中，教师主要是想让幼儿了解妈妈很辛苦，在家和单位都有很多工作。但是在活动中，只有当护士的家长介绍了自己的工作，其他幼儿没有办法产生共鸣，建议将妈妈介绍的内容重点放在如何照顾宝宝方面，这样所有的案例具有共性，容易让幼儿有亲身体会。

调整后的第一个环节

(1) 我的好妈妈。

①教师播放PPT,请妈妈们讲述怀孕时的趣事。

②教师播放PPT,请妈妈们根据照片讲述照顾孩子的趣事。

提问:妈妈是怎么照顾宝宝的?

小结:我们在妈妈的肚子里时,妈妈就很爱我们。我们出生后,她们又细心地照顾我们,是我们的好妈妈。

增加的环节

(2) 亲子模仿游戏:我来当妈妈。

①师:当妈妈真不容易,今天我们小朋友也来体验一下当妈妈的感觉吧!

②介绍游戏玩法:孩子和妈妈交换角色,相距5米面对面坐下,请幼儿把气球塞进衣服里扮演妈妈,依次做穿鞋、走路、弯腰捡东西、帮孩子(由妈妈扮演)穿衣服等动作,感受孕期妈妈"大肚子"带来的行动不便。

【分析】在游戏中,幼儿可以体验妈妈孕期的不便以及照顾宝宝的辛苦,从而萌发对妈妈的感恩之情。

(3) 我为妈妈做什么。

①师:孩子们,我们的妈妈那么爱我们、那么辛苦,我们应该怎样爱自己的妈妈呢?(幼儿互相交流)

②请个别幼儿说说自己是怎样爱妈妈的。

③自由谈谈妈妈和孩子之间如何相互关心。

【分析】本环节"我为妈妈做什么",主要是让幼儿通过交流,了解关心、爱护妈妈的方法。

(4) 表演歌曲《我的好妈妈》。

播放音乐,亲子表演《我的好妈妈》。幼儿和妈妈根据歌词扮演相应的角色,做相应的动作。

【分析】在亲子表演中,幼儿做出让妈妈开心、快乐的事情,结束活动。

大班数学领域家长开放日活动:有趣的9

设计意图

大班的到来,意味着孩子们即将告别幼儿园的学习生活步入小学,而从幼儿园进入小学对学前幼儿来说是人生的一大转折,因此,大班的家长特别关注幼儿的学习情况。为了满足家长的需求,教师设计了数学活动"有趣的9",旨在让幼儿通过游戏、实践观察、操作、记录等方式,对9的分合进行探究,促使幼儿对数学产生更加浓厚的学习兴趣,也让家长了解到幼儿大班时期的学习情况,领悟教师的教育理念。

【分析】设计意图反映了教师具有先进的教育理念,并能关注大班家长的需求,引领家长了解幼儿的学习方式,更新家长的教育理念。

活动目标

调整前

(1) 迁移8以内的分合经验,直接推导9的分合式。

(2) 通过实际操作按规律进行数量为9的有序分合,以加深对9的分合的理解。

【分析】从上述目标中可以发现,活动的重点不明显,要求不明确。

调整后

（1）迁移 8 以内的分合经验，直接推导 9 的分合式。

（2）在探索操作活动中，知道按序分合不易漏掉数字，在观察中发现两部分数之间增 1 减 1 的关系。

（3）用较完整的语言讲述操作过程。

活动准备

调整前

（1）知识准备：幼儿能较熟练地将 9 以前的数字进行有规律地分合且有边操作边记录的经验；会玩"碰球"游戏。

（2）物质准备：9 个相同的雪花片或者其他实物、9 的记录表、记录笔幼儿人手一份。

【分析】在知识准备中，教师对所有幼儿提出了相同程度的知识要求，忽视了幼儿的个体差异。在材料准备中，教师考虑比较充分、实用。

调整后

（1）经验准备：幼儿玩过"碰球"游戏，有对 8 以内物品进行分合以及边操作边记录的经验；教师事先指导家长引导幼儿用完整的语言讲述自己的操作过程。

（2）物质准备。

①学具：每人 9 片雪花片（或其他实物）、1 个分类盒、1 张记录表、1 支笔。

②教具：磁性实物菠萝 9 个，1—9 的磁性数字 2 套，大型菠萝分合图表一张（用白纸将各栏内容覆盖，以便猜测时验证使用），记录表 1 张。

活动流程

发放家长活动须知—活动观摩展示—教师与家长共同参与问卷教研。

活动过程

1. **发放家长活动须知**

调整前的家长问卷

> 1. 你对此活动有什么建议或者意见？你的孩子兴趣如何？
> 2. 你觉得幼儿园的幼小衔接应该学些什么内容？

【分析】从家长问卷中我们不难发现，教师提出的问题很大、很宽泛，没有针对性。为了使家长在活动中有目的地观察、指导、思考，教师应将家长问卷调整为活动须知。

调整后的活动须知

> **数学活动"有趣的9"家长活动须知**
>
> 1. 在操作活动中，引导幼儿用较完整的语言讲述自己的操作过程。
> 2. 观察要求：观察孩子在游戏活动中是否主动思考；观察孩子在探索操作活动中是否知道按序分合，且边操作边记录。
> 3. 日常生活中的数学教育内容有哪些？作为家长，如何引导孩子学习生活中的数学知识？

2. **活动观摩展示**

调整前

（1）玩游戏"碰球"，复习8的分合式。

师：小朋友，我问你，我的5球碰几球？

幼：老师，老师，告诉你，你的5球碰3球。

师：××小朋友，我问你，我的6球碰几球？

××小朋友：老师，老师，告诉你，你的6球碰2球。

（游戏反复几次）

【分析】在活动的第一环节中，教师用"碰球"的游戏导入，唤醒幼儿"8"以内数量的分合经验，为"9"的分合做铺垫。但在此环节中教师一个人面对全班幼儿，不便验证；面对幼儿个体时，其他幼儿等待时间过长。因此，建议在此环节中让家长参与进来，发挥家长的助教作用。

调整后

(1) 玩游戏"碰球"，复习8的分合式。

师：小朋友，我问你，我的5球碰几球？

幼：老师，老师，告诉你，你的5球碰3球。

家长：对、对、对，你真棒！你的5球碰3球。

(2) "我来分一分、记一记"，验证9的分合。

①教师出示学具雪花片、分类盒、记录表、笔，并交代操作要求。

师：请把9个雪花片分成两份，试试看有几种分法，并记录下来。

②幼儿操作，家长指导，教师巡回指导。

③展示记录表。

教师展示两种不正确的分法，一种是分得雷同，一种是分错了，请幼儿进行纠错。

教师展示两种正确的分法，一种是按规律的分法，一种是不按规律的分法，引导幼儿比较哪种方法更好。

小结：按规律分，我们不容易出错，也不会漏掉某个数字，而且还可以比别人快呢。

④师幼共同朗读9的分合式。

【分析】第二个环节"我来分一分、记一记",是由幼儿自主操作和共同验证两部分组成。教师首先让幼儿自己尝试给数量"9"的物品进行分合的操作,并记录结果,推导出"9"的分合式。在此环节教师充分发挥了家长的助教作用,使每个孩子都体会到成功的快乐。然后,再呈现不同的记录方式,引导幼儿发现按序分合不易漏掉数字,发现两部分数之间增1减1的关系。

(3) 我和老师分菠萝。

调整前

师:我们一起请出菠萝朋友,看看9个菠萝有几种分法。

①提问:9个菠萝,分别放在两个盘子里,怎么分呢?

②教师将1个菠萝放在左边的盘子里,把另外8个菠萝放在右边的盘子里。

③幼儿先数左边盘子里的菠萝数量,再数右边盘子里的菠萝数量。

小结:9可以分成1和8。

同上方法以此类推,直至分完。

【分析】第三个环节"我和老师分菠萝",和第二环节形式雷同,建议改为"猜一猜",将形式变化一下,使幼儿保持学习的新鲜感。

调整后

(3) 猜一猜。

①出示9个菠萝的分合图。

师:小朋友,这里有9个菠萝,它们是按序分的,让我们一起来猜一猜被遮盖的地方有几个菠萝。

②幼儿猜测,教师逐一翻开遮盖纸验证。

③师幼共同朗读9的分合式。

（4）玩游戏：找朋友。

玩法：教师唱儿歌："找呀，找呀，找朋友，找到一个好朋友。敬个礼，握握手，你是我的好朋友，再见！"当教师唱到第二个"友"字时，小朋友要找到合起来数量是9的好朋友；当唱到"你是我的好朋友"时，要抱在一起；当唱到"再见"后，要继续找新的朋友。

【分析】最后在数学游戏中，再一次巩固9的分合，结束活动。

3.**教师和家长共同参与问卷教研**

家长根据须知中提出的观察要求，进行专题研讨。

【分析】教师与家长一起研讨家长须知中的问题，把幼儿学习的课堂从幼儿园延伸到家庭，引起家长对家庭教育的关注。

第五章

家长开放日活动实施过程中的指导

家长开放日作为家园联系的重要形式，是家长了解幼儿园教育教学活动及了解幼儿在园学习、生活的窗口，是一项家长和孩子都非常喜欢的活动。多年来，幼儿园小、中、大班一个学期最少举办一次家长开放日活动，教师往往根据自己的教学进度，选择教学内容中的某一活动向家长开放，并没有特别的策划，这使得从小班到大班的家长开放日活动常常千篇一律。随着幼儿园对开放日活动主题探索的日渐深入，大部分幼儿园教师意识到不同年龄段幼儿家长的关注点和需求是不一样的，教师应针对不同年龄段的幼儿设计不同的活动主题，每次家长开放日活动在形式、执教内容上都应该有所区别，尽量让孩子和家长度过一个有意义且印象深刻的家长开放日。教师应思考自身在开放日活动中该如何组织幼儿、指导家长巧妙地融入到活动当中去，使家长开放日活动能有效地把幼儿园的办学理念传递给家长，让家长能够正确地理解幼儿园的教育教学工作，促使幼儿园与家庭建立一种平等、合作、互助的关系。

一、幼儿园小班家长开放日活动的指导

小班幼儿年龄小,加之刚入园不久,情绪还不够稳定,在家长开放日活动中,易出现注意力分散、哭闹、黏着家长等现象。而小班家长初次参加开放活动,特别渴望了解孩子在园是如何度过的,因而参与的热情很高,孩子的一举一动始终处于他们的视线范围内,他们时时刻刻关注着老师对孩子的态度。因此,小班教师在组织开放日活动时,可以根据家长的实际需求,按照日常活动流程组织内容,同时注意增强活动的趣味性、可操作性,提高开放日活动的实效性。

在活动内容上,可以幼儿的生活活动为主,如动手能力汇报、生活自理能力展示、生活常规练习等;在活动形式上,尽量采用亲子活动,如"大手牵小手"、"能干的小宝贝"、"爸爸妈妈我会做"等;在活动组织过程中,教师可以采用边活动边指导的方式,让家长在参与活动的同时能了解亲子活动的意义及价值,并使亲子游戏在家庭得到延伸和拓展。

下面,我们通过一个案例来分析一下在家长开放日活动实施过程中,家长如何进行指导。

××幼儿园小二班家长开放日活动记录及分析指导

活动时间

2012年11月14日。

活动地点

小二班教室及操场。

活动参加者

28名小班幼儿及其家长。

设计意图

幼儿入园两个多月来,已逐步适应了班级的集体生活,但家长的顾虑没有完全消除,接送时段,经常会有家长问:"我的宝宝是自己小便的吗?""他自己能吃完一碗饭吗?""贝贝每天来园前都会念叨不想上幼儿园,他这一天开心吗?"……为了打消家长的疑虑,我们决定举行这次家长半日开放活动,让家长了解幼儿在园的生活和活动情况,直观地感受教师的教育理念及教育方法,增进家园之间的沟通交流,争取家园教育的一致性。

活动目标

(1) 让家长了解幼儿在园的生活、活动情况,达成家园一致的教育理念。

(2) 加强家园之间的沟通,增进亲子之间的情感交流。

活动准备

(1) 提前一周发出邀请函,告知家长开放日活动的时间和内容,明确参加活动的要求。

(2) 活动前,家长多与孩子沟通,让其知道这次活动的意义和要求,为活动的顺利进行做好铺垫。

活动流程

晨间活动—生活活动—集中教育活动—早操及操前准备—户外活动—生活活动。

活动过程

1. 晨间活动(7:40—8:40)

(1) 晨间接待。

①热情接待每位幼儿和家长，引导幼儿情绪愉快且有礼貌地和老师打招呼。

②提醒家长指导幼儿放晨检卡，并将自己的物品摆放到位。

【分析与指导】晨间接待是幼儿园一日生活的重要组成部分，它不仅是幼儿一日愉快情绪开启的重要时机，也是幼儿一日活动顺利进行的有效保证，更是建立良好家园关系、促进家园共育的宝贵契机。小班家长是第一次参加开放日活动，参与的热情和期望值均很高，教师应本着平等、尊重的态度，热情地迎接每一位孩子和家长的到来，要积极主动地与孩子和家长打招呼，让家长感觉到教师的诚意。教师还应提前告知家长当天活动的内容及基本要求（也可以短时间内集中介绍），让家长了解每一个时间段孩子大致在干什么，自己应该做些什么，以确保整个活动顺利有效地开展。

(2) 活动区活动。

美工区：棉签画《果子丰收啦》、泥工《好吃的饼干》。

益智区：水果拼图、螺帽排排队、好玩的瓶宝宝。

阅读区：看一看，说一说。

建构区：搭建各种各样的车子。

生活区：穿珠、夹夹子、喂宝宝薯片、剪面条。

娃娃家：利用水果、蔬菜（模拟玩具）、娃娃、小床、小桌等玩娃娃家游戏。

【分析与指导】众所周知，活动区活动对孩子能力的发展起着至关重要的作用，特别是小班的孩子，他们由于年龄特点喜欢独立操作，喜欢参加活动区活动。但从表面看，孩子仅仅是在操作玩具，家长们不知其所以然，容易产生"孩子不是在玩吗，他能学到什么"的质疑，对该活动的价值不了解。活动前，教师可以针对每一类操作材料的玩法、材料对孩子发展的价值及指导与观察要点运用简单的文字进行说明，张贴在操作材料旁边；活动中，教师要不断地鼓励孩子积极地参与自己喜爱的活动区，观察每一个孩子的活动情况，及时介入指导，并时刻提示家长，不要干扰孩子，注意创设良好的活动氛围，让孩子通过自主活动，尝试获得操作的方法和途径，培养其自主、独立、坚持、专注的操作习惯。

2. **生活活动**（8:40—9:10）

（1）如厕：组织幼儿有序如厕，帮助和指导自理能力稍弱的幼儿脱、提裤子，提醒男孩子小便要入池。

（2）洗手：组织幼儿排队洗手，帮助幼儿卷好袖口，提示正确洗手的方法（先把手淋湿，搓上肥皂。按手背、手指、手腕顺序洗手，再冲洗肥皂沫，抖掉水珠，用自己的毛巾擦干手，挂好毛巾，放下衣袖）

（3）喝水：分组取杯子，提示用自己的口杯喝水，喝水时不说笑、不浪费开水，口杯用后放回原处。

【分析与指导】小班家长最关心孩子的生活：孩子在幼儿园喝水了吗？喝了多少水？上厕所时有没有老师帮助？孩子手脏了老师会怎样指导，等等。因此，许多家长都会特别关注此环节教师是如何组织实施的。教师要充分理解家长的这一想法，在组织这一环节时，应有条不紊，时刻关注每一个孩子的情况，并做到随机指导。比如，对有一定生活能力的孩子，及时给予肯定、表扬；对有愿望自己做但一时做不好的孩子，给予及时的指导与鼓励；对能力较弱的孩子，进行必要的帮助等，让每一个家长都能感觉到老师对自己孩子的关注，在内心产生对老师的信任感。

3. 集中教育活动（9:10—9:40）

活动名称

小手真能干。

活动目标

（1）知道小手有很多本领，能做许多事，可以生活自理，还可以帮助别人。

（2）体验自己动手做事带来的快乐感和满足感。

活动准备

照片和视频；橘子、垃圾桶、碗、花棒。

活动过程

（1）教师与幼儿共同做律动"小手拍拍"，引入活动。

师：我们的小手真能干，会拍一拍、捏一捏、敲一敲，还会和我们的爸爸妈妈打招呼呢。

（2）观看照片和视频，说说小手都做了什么。

①讲解照片里的内容。

②鼓励幼儿表达自己看到了什么。

师：他们的小手能干吗？你们的小手能干吗？

（3）幼儿剥橘子，送给爸爸妈妈。

①师：老师累了，爸爸妈妈也口渴了，你们愿意帮助老师用你们能干的小手剥一些橘子给爸爸妈妈吃吗？（幼儿动手剥橘子送给爸爸或妈妈吃）

②师：桌子被我们弄脏了，快用你们能干的小手帮老师收拾一下吧。我来看一下，哪双小手最能干。（幼儿把桌上的橘子皮放进垃圾桶里）

小结：我们的小手真能干，会和爸爸妈妈打招呼，还可以帮助老师剥橘子，还会打扫卫生。

（4）引导幼儿说出，他们的小手还有哪些本领。

①师：我们的小手还能做什么？

②提示：爸爸妈妈累了，快来帮爸爸妈妈捶捶背吧。爸爸妈妈每天工作特别的辛苦，我们回到家也要给爸爸妈妈捶捶背、洗洗脚，好不好？

（5）快乐动起来。

师：我有一双能干的手，我很快乐，你们快乐吗？我们的爸爸妈妈们快乐吗？现在，我们的小手拉着小手，一起随着音乐快乐地动起来吧。（引导幼儿用肢体语言表达自己的情感）

【分析与指导】在整个开放日活动中，集体教学活动是家长能真正坐下来近距离观察自己的孩子在集体中的表现，了解孩子的发展水平及教师教学能力的一个重要环节。在此过程中，小班的孩子和家长往往容易出现以下行为：有的孩子注意力不够集中，不时回头寻找家长，而家长则会用责备的语调厉声命令孩子；有的孩子一直哭闹着不肯参与活动，家长则会气急地当场打骂；有的孩子不听劝阻，自由行动，家长就大声叫唤；有的孩子不举手表达或有的举了手，老师一时没有叫他发言，家长则会催促孩子举手或叫孩子把手举高一点以引起老师的注意，等等，这些行为不可避免地会影响集体活动的正常开展。对此，教师应事先就考虑到，并做好以下工作：

（1）活动内容的选择，要能充分体现小班孩子的年龄特点及家长的内心愿望，如本次活动"小手真能干"，就能让家长直观地感受到孩子的动手能力得到了很大的发展。

（2）活动之前教师要提出本次活动的目标及家长配合要求，并有意识地让家长坐在自己的孩子后面，这样既利于亲子互动，也能

有效地避免一些不必要的现象发生。

（3）活动设计要体现操作性、趣味性、互动性、生活化，能激发每一个孩子参与活动的兴趣，并巧妙地引导家长参与到活动中来，如本次活动中几个亲子互动环节的设计就非常自然。从孩子的反应来看，他们对于自己的小手有哪些用处比较了解。活动开始后，教师就注意调动幼儿参与的积极性，让孩子手指充分活动；在经验交流中，孩子积极地帮助老师收拾垃圾，帮助爸爸或妈妈剥橘子，认识到了自己的小手真能干，并充分地感受到与爸爸妈妈一起活动的快乐。

（4）活动过程中，教师要注意面向全体幼儿、关注个别幼儿，语言要极具亲和力，尽量让每一个孩子都有表达和操作的机会，使家长的内心能够得到平衡和满足。此外，教师还可以将孩子生活自理能力培养的方法贯穿于活动中，让家长能够在家庭中得以运用，如活动的第四个环节，就可以让家长在家里进行。

4. 早操及操前准备（9:40—10:15）

（1）操前准备：提醒幼儿如厕，并脱去多余的外套，做好活动前的准备工作。

（2）做操：主班教师精神饱满、面带微笑、动作到位、节奏稳定地带操，配班教师引导幼儿积极参与到早操中，并随时观察幼儿的情况，指导幼儿跟着音乐合拍地动作，精神饱满、愉快地做操。

【分析与指导】早操及户外活动时间相对集中，孩子在外活动时间较长，操前的准备显得尤为重要。特别是如厕，教师应提醒每一个孩子尽量小便，可请家长监督自己的孩子，为后续活动的顺利开展奠定基础。

早操是家长们很喜欢观看的一项活动，孩子的一举一动，都会让家长惊喜不已,他们会把摄像机或照相机的镜头始终对着自己的孩子。鉴于家长们的需求,教师可以让家长站在孩子的后面,或观看或跟着模仿动作或记录下孩子早操的整个过程。这样既可避免孩子注意力分散,又可以方便家长近距离关注到自己的孩子。

5. 户外活动(10:15—10:40)

活动名称

踩纸球。

活动目标

能根据音量的大小变换行走的速度。

活动材料

录音机、乐曲磁带、报纸球。

活动过程

(1)教师组织幼儿和家长围成内外两个圈,并提出游戏玩法及要求:家长将报纸揉成纸球,然后用绳子的一头系着纸球,绳子的另一头则由家长拉着走,幼儿跟在纸球后面用脚踩,教师控制录音机,音量小表示拖着纸球慢慢走,音量大则快走。

(2)游戏反复进行数次,教师视幼儿运动量适时掌握。

(3)放松活动:家长和幼儿随《亲亲我的宝贝》音乐做关爱和拥抱动作。

(改编自:http://new.060s.com/article/2011/10/17/484962.htm)

【分析与指导】在幼儿园开展亲子活动,既能增加孩子与家长之间的互动,也能增进教师与家长之间的熟悉程度。幼儿园小班家长开放日期间的户外活动环节,一般都会以亲子游戏的形式开展。教师在活动过程中,应认真观察幼儿的表现,做好活动中的个别指导,提醒家长及时为孩子擦汗及调整运动量,指导家长要注意根据孩子

的能力及活动现场情况适时调整行走方向,避免与其他家庭之间相互碰撞。同时,还要提示家长活动中时刻关注孩子的行走动作,尽量让孩子体验到成功感,激发孩子参与活动的兴趣。

6. 生活活动(10:40—11:50)

(1)主班教师组织幼儿有秩序地如厕、洗手、喝水;配班教师负责消毒、清洁桌面。

(2)餐前等待时间组织幼儿进行手指游戏。

(3)播放舒缓的音乐,引导幼儿安静地进餐,保持桌面、地面、衣着的干净整洁,鼓励幼儿做到不浪费,要把饭、菜、汤都吃完。

(4)指导幼儿饭后用餐巾擦干净嘴巴,并用凉开水漱口。

(5)主班教师组织幼儿饭后散步,配班教师做好餐后的卫生清洁工作。

【分析与指导】从室外活动进入教室,孩子会有些许疲惫和口渴,看到家长在身边,不可避免地嚷嚷着:"我要喝水,我要喝水。"面对此景,许多家长会迫不及待地抢着帮孩子拿水杯喝水,秩序易混乱。教师应沉着冷静,有序组织,最好事先就要告知家长,由教师带领孩子先进入教室,家长在外面等一会儿,待整个餐前活动进行完毕,再进入教室。

鉴于小班幼儿的年龄特点,餐前活动应以集体活动为主。幼儿如厕、洗手时,教师应重点观察,查看幼儿手心手背是否搓干净,小手是否用流水清洗干净等,并随机指导。

进餐是家长最关注的一个环节,幼儿园的饭菜如何、营养是否均衡、孩子能否吃饱、是否喜欢吃等都是家长关注的内容。此环节,教师可让家长到孩子身边,一对一地指导孩子独立进餐,尽量不要喂饭。进餐过程中,教师可适时且充满诱惑地介绍饭菜的营养,激起孩子的食欲，对独立进餐的孩子给予表扬。习惯的养成和能力的培养渗透在每一环节的各个细节中，餐后擦嘴、漱口、散步都不容忽视，这些能让家长感觉到幼儿园工作的细致周到，他们对孩子在这样的幼儿园生活、学习会感到完全放心。

二、幼儿园中班家长开放日活动的指导

中班幼儿有其鲜明的年龄特征，介于小班幼儿和大班幼儿之间，他们活泼好动，有意注意正在逐步发展，呈现出无意注意向有意注意转化的趋势。在家长开放日活动中，许多幼儿因为缺乏一定的自控能力，容易受到来自家长或其他方面的一些因素干扰，注意力不够持久，往往会出现不遵守活动规则，时而参与活动、时而回头看一下父母等现象；还有些幼儿会有想好好表现自己的欲望，但由于缺乏一定的技巧，活动或操作过程中易出现急躁且不许家长插手帮忙的现象。

作为中班家长，因为有了参加小班家长开放日的经验，会重点关注自己孩子能力的发展。在开放日活动中，教师必须要有较强的调控现场的能力，使整个活动得以顺利开展。在活动内容上，可以选择侧重于锻炼幼儿的独立性，激发其学习积极性且能较好体现幼儿表达表现方面的内容。在活动时间上，可以开放上午半日活动，也可以开放下午半日活动。在活动形式上，可以采取家长观摩活动与亲子活动相结合的方式，既让幼儿有独立操作、学习的机会，又能较好地增进亲子间的感情，使整个开放日活动张弛有度、生动活泼。

××幼儿园中一班家长开放日活动记录及分析指导

活动时间

2013年4月17日。

活动地点

中一班教室及操场。

活动参加者

31名中班幼儿及其家长。

设计意图

经过一年的幼儿园生活，中班幼儿在习惯、能力、认知等方面都有了较大的发展。家长在每天接送时段能从教师那里了解到孩子的基本情况，但他们更希望亲眼看到孩子在集体中的表现和成长变化。为了满足家长的需求，增进家园之间的沟通和交流，有效促进家园教育的一致性，教师特设计以下午半日活动环节为主的家长开放活动，为家长全面了解孩子在园的生活提供平台。

活动目标

（1）向家长展示幼儿园的教育理念，宣传现代教育观、儿童观。

（2）让家长了解孩子在园的生活、学习情况，进一步加强家园互动，增进家园之间的沟通和交流。

（3）增进亲子间的情感，激发幼儿和家长参与活动的兴趣和热情。

活动准备

（1）提前3天发放家长开放日邀请函，告知活动的目的、意义、开放时间、活动内容及参加活动的要求等。

（2）请每位家长指导孩子早上带2～3样果实类蔬菜（黄瓜、胡萝卜、白萝卜、西红柿、藕等）来园。

活动流程

签到及短时家长会—起床与盥洗—午间操—洗手与午点—教学活动—户外亲子活动—盥洗与整理—离园。

活动过程

1. 签到及短时家长会（14:00—14:30）

（1）热情接待家长，一位教师负责签到，另一位教师引导家长入座并营造宽松的交流氛围。

（2）教师简单小结开学以来班级幼儿的发展及家园共育情况，同时向家长介绍本次开放日的基本流程及注意事项。

【分析与指导】一般的幼儿园家长半日开放活动安排在上午时段的较多，在下午时段开放，家长陆续来园时幼儿正在午睡，许多家长不可避免地会到寝室看看孩子的午睡情况。教师先组织短时家长会，既可以集中向家长介绍当天活动的流程及各个环节的注意事项，并将平时家园配合工作中出现的问题进行梳理小结，还可以避免因嘈杂而干扰孩子的午睡。班级教师有条不紊的分工，也可以让家长充分感受到班级教师团结、协作的工作氛围，从而在内心欣然接受并积极配合班级开展的各项活动。

2. 起床与盥洗（14:30—15:00）

（1）组织幼儿起床，指导幼儿按要求穿好衣裤鞋袜、整理床铺。

起床程序：坐在床上—披上衣—穿裤子—穿袜子—穿鞋—站在地上提裤子—系好上衣纽扣—叠被子。

（2）生活教师帮助并指导幼儿整理内务，一位教师负责检查每个幼儿的衣着是否整齐，为幼儿梳头；另一位教师指导幼儿如厕，提示幼儿注意人多时不要拥挤，有序排队，男孩不要把小便撒在便池外。

【分析与指导】随着中班孩子自理能力的逐步增强,许多孩子都能自己穿戴好衣裤鞋袜,并尝试整理床铺了,但还有部分孩子需要教师的指点或帮忙才能完成,此时家长不要着急,不要轻易上前帮忙,应该给孩子独立锻炼的机会。在这一环节,教师可组织家长在外围观察孩子起床、如厕情况,客观了解孩子的独立生活能力,从而让家长知道每天上幼儿园应给孩子穿方便穿脱的衣服、裤子和鞋袜,不要仅仅考虑美观等因素。要在家教会孩子自己穿脱的方法,不要包办孩子的一切生活,家园配合共同使孩子能顺利地融入集体生活。此外,生活教师应注意根据气候的变化,在起床前或起床后将寝室窗户打开,保持空气对流,预防流行病的传播。这些工作的细节,体现着幼儿园管理及卫生保健工作的规范化,会在家长心目中留下深刻的印象。

3. 午间操（15:00—15:20）

教师组织幼儿有序出操,做操时师幼要精神饱满、动作有力、合拍。

【分析与指导】幼儿午睡后,思维意识还处于朦胧状态,午间操能有效地帮助幼儿身体的各项机能逐步恢复正常。此时,教师应注意动作要求由缓到快、由柔到刚,让幼儿的大脑清醒后再提出更高的要求。午间操的编排应尽量做到趣味性强一点,节奏稳定一点,动作简单一点,能达到目的就行。要让家长清楚地知道不能仅仅关注孩子的学习和生活,还应关心孩子的生理、心理发展,这是孩子全面健康不可缺少的要素之一。

4. 洗手与午点（15:20—15:45）

（1）教师组织幼儿洗手。要求：冲湿手—关水龙头—涂抹香皂—搓手—冲净—关水—甩水—用毛巾擦干（冬季擦油）。

(2) 幼儿自主吃点心。教师观察并提醒幼儿安静地坐在位置上吃点心、多喝开水，注意保持桌面清洁，喝完后能轻轻地放下杯子，并用手帕或毛巾擦干净嘴。

【分析与指导】午点是幼儿园一日生活中的主要环节之一，午点吃什么、怎样吃也是家长想要了解的内容。为此，午点前的洗手环节不可忽视。教师应按照日常规范严格要求每一个幼儿洗干净手，洗手时要将衣袖卷起，同时洗完手别忘了把水甩干。吃点心时，教师可以运用情景法（比如，对幼儿说："今天肥肥〈饼干〉和水水〈牛奶〉要来为小树苗〈小朋友〉施肥、浇水了。它们要让小树苗长得壮壮的。好，开始施肥喽……浇水喽……"）、故事法（比如，向幼儿讲述故事《我不挑食》、《丁丁变聪明了》等）、激将法（比如，对幼儿说："谁说晔晔平时不爱吃苹果的，在幼儿园他每次都吃完了，而且还吃得很快呢！晔晔，让大家见识你的本领。"）等，鼓励个别不爱吃某种点心或喝水（牛奶）的小朋友把点心或水（牛奶）吃（喝）完，使家长懂得有效的指导方法能减轻并消除孩子的偏食现象，利于家园一致的针对性教育。

5. **教学活动**（15:45—16:15）

活动名称

艺术活动"蔬菜大拼盘"。

活动目标

(1) 感知各种蔬菜切片的形状以及色彩。

(2) 尝试用不同形状、色彩的蔬菜切片有规律地装饰美化纸盘。

(3) 喜欢蔬菜拼盘造型艺术活动，能独立地完成装饰活动。

活动准备

各种各样的蔬菜拼盘图片若干，各种蔬菜切片，塑料小刀每组两把,纸盘若干。

<u>活动过程</u>

(1) 观看片状或条状的蔬菜,回顾认知经验。

①师:你知道这是什么吗?它有什么用吗?

②师:这些蔬菜是什么颜色的?切片是什么形状的?

(2) 学习用蔬菜装饰盘子。

①师:这是什么?你会用这些蔬菜把盘子打扮漂亮吗?

②请一名幼儿上来用切片蔬菜装饰盘子,并向大家介绍自己是怎样用蔬菜装饰盘子的。

③集体评价蔬菜拼盘。

(3) 欣赏蔬菜大拼盘,感知蔬菜特有的造型装饰艺术。

①引导幼儿看图欣赏各种各样的蔬菜拼盘。

②启发幼儿说说:你看到了什么?它们是用什么蔬菜制作的?这些蔬菜是怎样排列在盘里的?

③师:你喜欢哪一个蔬菜拼盘?为什么?(引导幼儿从蔬菜的色彩搭配和形状排列上,感知拼盘的装饰艺术)

(4) 亲子共同操作。

①家长参与活动,鼓励幼儿选择加工好的蔬菜切片,或自己用小刀对蔬菜进行加工,提醒幼儿注意用刀的安全。

②亲子共同制作蔬菜大拼盘,教师巡回观察、提示、指导。

(5) 举办亲子"蔬菜大拼盘"展览。

(改编自:http://yejy.jyjy.net.cn/Article/ShowArticle.asp?ArticleID=35712)

【分析与指导】艺术活动是人类创造美和表现美的重要形式。本次活动,教师从中班孩子的年龄特点和实际生活出发,选择常见的蔬菜作为材料进行简单的艺术创作,对孩子的艺术表现力及创造力的培养具有重要意义。整个活动,教师通过认识蔬菜—学习用蔬菜装饰盘子—欣赏蔬菜拼盘—尝试制作蔬菜拼盘—举办亲子作品展览等层层递进的环节,加之家长的巧妙融入,激发了孩子创作的愿望,帮助孩子积累了相关的知识经验,提升了他们的审美情趣和审美体验,还对促进孩子与家长的互动、增进亲子情感起着积极的作用。同时,让家长意识到生活中教育资源的价值,并能有意识地在家庭中开展类似活动。

活动过程中,因材料过多、有不同群体的家长参与,以及由于教育理念和方式方法的不同而造成互动方式不同,可能还会出现孩子叫、家长责骂、家长动手代替等现象。对此,教师应沉着冷静控制好局面,激励孩子自己动手动脑,提示亲子之间小声交流,家长不要包办代替,应运用启发、鼓励、肯定的方法尽量让孩子独立操作,特别要关注孩子用刀的安全,使活动顺利有序地完成,让孩子充分体验创作活动带来的成功感和满足感,让教学活动真正成为家园共育的平台。

6. 户外亲子活动(16:15—16:45)

活动名称

连体人。

活动目标

(1) 训练幼儿的方向感,锻炼幼儿后退走的能力。

(2) 让家长和幼儿在亲子互动中感受到游戏的别样乐趣。

活动玩法

幼儿与爸爸或妈妈排成两排面对面站好,然后转身背靠背,各自向前走十步,然后任意一横排的人互相交换排列顺序。教师发出指令:"大家去找自己的家人吧!"两排人一起把双手放在背后,开始倒退走,一边后退,一边喊自己的爸爸、妈妈或宝宝,并对话。注意:喊声要尽量响亮,但不能把头转过去,谁最先与爸爸或妈妈的手连接在一起,谁就胜出。

(摘自:http://wenku.baidu.com/view/3960ea5277232f60ddcca109.html)

【分析与指导】这是一项集趣味性、活动性、互动性于一体的综合性游戏,活动看似简单,但对发展幼儿的身体平衡能力、空间知觉能力及听觉辨别能力具有一定的作用。因游戏是统一进行的,活动人数较多,需要的场地较大,容易出现幼儿或家长边倒退走边回头看的违规现象。为此,教师在游戏前应将目的、意义及规则交代清楚,重点提示家长重在参与,要充分给孩子锻炼能力的机会。同时,还要提示亲子双方倒退走时速度慢点,避免不安全现象的发生。游戏过程中,教师要灵活指挥,视具体情况调控好现场,让家长和孩子在愉快的游戏活动中进一步增进情感的交流。

7. 盥洗与整理(16:45—17:00)

(1)组织幼儿如厕、洗手、喝水,提醒每个幼儿用肥皂、流水洗干净手,并甩干水。

(2)组织并指导幼儿整理好衣物,幼儿互相检查。

【分析与指导】亲子游戏结束后,幼儿的情绪已较兴奋、躁动,整个场面较混乱。教师应当克服困难,完成下午活动的流程,让家长对孩子在园的每一环节都有所了解。离园前的盥洗、整理虽然时间短暂,但也能让家长充分感受到班级教师工作的细致和辛苦,感受到孩子点滴生活的被关心和被照顾,从而更加信任班级教师,对班级今后的各项工作会更加支持、配合和理解,这也是家长开放日举办的目的、意义所在。

8. 离园（17:00—17:30）

（1）要求幼儿离园时带好自己的东西和老师、小朋友说再见。

（2）提示幼儿及家长离园前一定要告诉老师。

【分析与指导】离园是幼儿在园一日生活中的最后一个环节，看似简单也不可忽视，特别是家长在场的情况下，教师更应重视。经过下午半日活动，此时孩子兴奋地要离开，但有许多家长都会围着教师交流体会和感悟。为此，班级教师应主动相互配合，若有的教师在与家长交流，另外的教师应重点关注孩子的离园情况，提醒孩子带好随身衣物，与家长做好安全交接，以免孩子擅自离班、家长找不到的现象发生，使孩子"高高兴兴入园，安安全全离园"，也使整个半日开放活动能圆满落幕。

三、幼儿园大班家长开放日活动的指导

随着年龄的增长，大部分大班幼儿具有良好的规则意识，有很强的表现欲，想在父母面前充分展示自己的能力，但有时会因没有获得回答教师提问或操作的机会或在小组活动时不满意角色的分工，而出现沮丧、兴趣减弱等现象。大班家长由于有了丰富的参加家长开放日活动的经验，参与活动的目的性更强了。因此，教师在组织家长开放日活动时，应选择并设计既符合大班幼儿的年龄特点，又能让每个幼儿都有表达表现的机会，更能满足家长需求的教学活动，如"自己的事情自己做"、"夸夸我的好伙伴"、"亲子对对碰"、"牙齿掉了怎么办"、"我要上学啦"等主题内容。通过能力展示、家长助教、模拟小学生课堂或走进小学等活动形式，让家长增进对孩子

的进一步了解，知道有关幼小衔接的配合要求，使家长开放日活动真正达到实效。

××幼儿园大四班家长开放日活动记录及分析指导

活动时间

2012年5月17日。

活动地点

大四班教室、操场及四楼功能室。

活动参加者

34名大班幼儿及其家长。

设计意图

进入大班下学期，家长和教师日常交流的内容与中班甚至大班上学期有很大的区别，他们更多地关注班级的教学内容是否与小学衔接，孩子目前的发展状况是否能适应小学的学习生活，等等。而此时的孩子们各方面能力也已明显发展，他们平时经常会有意无意地谈到上小学的话题，小脸蛋上透露着渴望和憧憬。为此，我们三位老师商议，决定将这次的家长开放日活动设计为"我要上小学了"的主题半日活动，以激发孩子们进入小学学习的愿望，缓解家长的焦虑心情，为幼小衔接奠定良好的基础。

活动目标

(1) 让家长了解幼小衔接的配合要求，观察教师的教育教学行为及方法。

(2) 在培养幼儿的任务意识以及在幼小衔接方面形成基本一致的家园要求。

活动准备

（1）提前3天让孩子通知家长，在班级"家园互通桥"内张贴活动方案，告知活动时间、活动内容及具体要求等。

（2）请家长指导孩子带好书包来园。

活动流程

晨间活动—生活活动—集中教学活动—户外亲子活动—专题讲座与交流。

活动过程

1. 晨间活动（8:00—8:50）

（1）晨间接待。

① 教师与值日生一起热情地接待幼儿和家长，亲切地向幼儿和家长问好。

② 值日生检查幼儿是否带有危险物，提示幼儿脱外套、换鞋子，并摆放好自己的书包。

③ 教师注意观察幼儿的精神状态，发现异常情况及时与家长进行交流。

【分析与指导】晨间接待，是教师与家长沟通的宝贵契机，教师可以充分利用这一机会，与家长互通孩子在园、在家的情况，取得家园教育的一致性，形成教育合力，帮助孩子纠正不良习惯，促进孩子健康成长。在此过程中，教师也可以帮助家长了解科学的育儿知识，在潜移默化中转变家长的育儿观念。

大班孩子已经基本上摆脱了对父母的依恋情绪，坚持上幼儿园已成为一种习惯。教师在晨间接待时可以以朋友的身份出现，和孩子相互问好后，击击掌拍拍肩，给他一个甜蜜的微笑或一句激励的话语等，会使孩子精神倍增，同时也会给家长亲切、自然的感觉，能让家长充分感受到尊重、平等的师幼关系，对教师产生由衷的信任感，从而为整个半日开放活动做好铺垫。

此外，随着大班孩子年龄的增长，他们的自主性、独立性明显增强。班级安排值日生活动，在一日生活环节做老师的小助手，除了帮助教师进行晨间检查外，还可以照顾自然角、摆放学具、分发碗筷、打扫桌面等。这不仅能锻炼孩子的自我服务能力，树立为他人服务的意识，还能提高孩子的责任感和任务意识，增强集体荣誉感，为进入小学打下坚实的基础。同时，也能让家长惊喜地目睹孩子在集体中的动手能力和自立能力，利于家园一致的共同教育。

（2）晨间锻炼。

活动名称

一物多玩。

活动准备

皮筋、跳绳若干。

活动目标

① 锻炼幼儿的弹跳、快速跑、单腿跳跃及手脚协调的能力。

② 增强幼儿的合作意识和竞争意识。

③ 增进亲子间的互动交流。

活动玩法

① 幼儿和家长商议选择活动器械。

② 幼儿根据不同器械进行多种玩法。

A. 跳皮筋。

●单人跳；

●多人跳；

●玩"马莲花"的游戏；

●幼儿邀请爸爸妈妈参与到游戏中。

B. 跳绳。

●单人跳：每人一根跳绳，练习单脚跳；

●三个或三个以上的幼儿共同合作，一起跳绳，还可以邀请家长一同参与。

●亲子双人跳：邀请爸爸妈妈一起进行亲子双人跳的练习。

【分析与指导】俗话说，一日之计在于晨。晨间锻炼是幼儿园一日活动的重要环节，是幼儿园教育活动的主要形式之一，是大部分孩子入园的第一项活动，也是他们一日生活的开始。丰富有趣的晨间活动，既可以减少甚至消除先来园孩子的消极等待现象，又能对发展孩子的社会交往能力及身体机能起到非常重要的作用。

跳皮筋和跳绳是传统的体育项目，是小学生常玩的体育游戏活动。教师提供这两种器械的多样玩法，让孩子和家长一起活动，能有效地帮助家长在家里指导孩子练习，为幼小衔接做好准备。活动中，教师要认真观察，提示孩子根据自己身体的冷热情况，适当增减衣物；指导出汗的孩子用小毛巾擦汗，注意活动量；提醒家长在活动的过程中不但自己要注意安全（特别是穿了高跟鞋的家长），还要注意保护好孩子，防止孩子被皮筋、跳绳绊倒，或被皮筋弹到，使晨间锻炼成为亲子活动的快乐时光。

(3) 早操活动。

① 带操教师做到动作有力，以饱满的热情带动幼儿做操的积极性。

② 家长协助教师为幼儿分发器械，帮助幼儿整理好队伍，使幼儿有秩序地进行早操活动。

③ 幼儿能精神饱满、步伐均匀地进行队列变换，动作连贯、协调，

能看手势变换动作。

【分析与指导】大班幼儿真的长大了，他们自信、大胆，早操时面对众多家长的围观，不再是畏畏缩缩，而是落落大方。每个人都会用最良好的风貌去展示自己所学的本领，每个孩子都会比往日聚精会神，动作有力而标准。此时，教师更要以积极的情绪感染孩子，对每一个孩子的点滴变化及表现给予鼓励和表扬，让家长感觉到老师对孩子的关注和关心。而家长作为一个旁观者，无需去指导或点拨孩子的动作是否到位，只需用拍照或摄像的方式记录下孩子早操的全过程，带回家与家人一起共享孩子的成长与变化。

2. **生活活动**（8:50—9:10）

(1) 操后，教师带领幼儿安静、有序地排队回班。上楼梯时，教育幼儿注意安全，保护自己，不推挤别人，手不要到处乱摸，保持队伍的整齐。

(2) 组织幼儿分组，有秩序地洗手、如厕、喝水。提醒幼儿安静如厕，小心地滑，注意安全，不大声喧哗。

(3) 主班教师组织陆续完成盥洗的幼儿安静休息一会儿，为下一环节活动做好准备。

【分析与指导】生活活动是幼儿园一日活动的必备环节，对养成孩子良好的生活卫生及行为习惯起着重要作用。孩子经过了较长时间的户外活动，身体已有些疲惫，操后家长不可避免地会上前嘘寒问暖，教师需要冷静地组织好现场，带领孩子稳步有序地回班，路途中时刻提示孩子注意安全。盥洗环节，两位教师应合理分工，尽量采用分组的方式，关注每一个孩子的情况，避免因人员拥挤造成不安全事故发生。同时，提示家长不要插手帮忙，让孩子独立完成盥洗，家长可以在室内找一个位置坐下来，以保持教室的安静、有序。幼儿陆续盥洗完的过程中，教师可组织相对安静的活动，如手指游戏、欣赏舒缓的音乐、小声自由地交流、教师朗诵散文或儿歌等，让幼儿的情绪稳定下来。这样，既可避免先完成的幼儿消极等待，又可为下一个活动的顺利开展提供保障。

3. 集中教学活动（9:10—10:20）

活动一：小阿力上小学

活动目标

（1）鼓励幼儿说出自己对上小学的担忧，在尝试解决"担忧"的过程中形成积极乐观的心态。

（2）通过聆听、视频、记录提升幼儿的观察、倾听和表达能力。

活动准备

自制绘本PPT，小学生及小学老师的录像及录音，记录用的纸笔。

活动过程

（1）谈谈入学前的准备与担心。

①引导幼儿欣赏绘本故事前半部分，引出小阿力对入小学的3个担心。（呈现3幅担忧的图片，过程中关注幼儿对情景图片的观察及合理推断）

师：你能看出小阿力在担心什么吗？（生活方面：找厕所；情感方面：交朋友；学习方面：做作业）

②引导幼儿谈谈自己对上小学的担心。

师：马上就要上小学了，你们准备好了吗？做了哪些准备呢？进小学前还有没有担心的事呢？

小结：大家都为入小学准备了很多，但是也有那么多的担忧，有的是……还有的是……

(2) 解决担忧并交流、分享。

①师：请你们想办法尝试帮助小阿力消除他的担心，并用自己的方式记录下解决这个问题的方法。

交代规则：后面每张桌子上都放着一个小阿力担心的问题，每人选一个问题，想一想如何解决。你们有3分钟的时间，请把你们想到的解决问题的办法记录下来，然后贴到黑板上。

②幼儿认识时钟，开始记录。

③交流汇总。各组分别对这些"担忧"进行交流，罗列出应对方法，教师加以梳理。

A. 生活方面——先请幼儿介绍记录，交流后，以小学老师的录音来为幼儿进行小结："小学每一层楼都有男、女厕所，根据标志找到厕所，课间10分钟可以去上厕所。"

B. 情感方面——请幼儿解读记录卡。

小结：交朋友的方法还有很多很多，小朋友都可以去试一试，一定会交到更多的朋友。

C. 作业方面——观看小学生做作业的视频，幼儿从中观察、梳理出正确的学习方法（视频中包括的学习方法有：抓紧时间，先做作业，做完后自己检查，完成后整理书包，为第二天上学做好准备等）；请幼儿查看记录，看是否有视频中没有提到的学习方法，进行补充。

(3) 延伸活动。

①告诉幼儿如果有其他的担忧可以记录下来，然后去寻找解决的方法。

②欣赏故事的结尾部分，感受小阿力鼓起勇气面对担忧的心情，引发对小学的向往之情。

小结：上小学是一件很快乐的事，即使有一些困难、担心，也是很正常的。小朋友们要勇敢地去面对，不要把担心都藏在心里，要大胆地说出来，爸爸妈妈、老师、同学都会很乐意帮助你们的。办法总比担心多，这样困难会越来越少，本领会越来越大，你们会很快成为快乐的小学生。

（摘自：http://www.youjiao.com/e/20100728/4c500d2fe421f.shtml）

【分析与指导】本次教学活动，在内容上关注了孩子入学前的心理状况，梳理了孩子对入学前的担忧，很有价值；活动目标定位也较准确，关注幼小衔接，抓住了主要内容；互动上重情感、重方法，设计有创意；选材典型，其中使用小学教师的录音，并将"时钟"隐含在不同的环节，具有较强的实效性，很好地提升了孩子的个体经验与综合能力，为孩子愉快、顺利地进入小学学习奠定了良好的基础。同时，家长在这样的活动中也能了解幼儿园的教学内容与方法是如何与小学衔接的，能较好地缓解家长对孩子入学前的困惑与焦虑，便于后续幼小衔接系列活动的有效开展。

一般来说，在开放日活动中，大部分家长最关注的就是集体活动，他们关心教师的教学内容是否对孩子的发展有价值，关心孩子在集体活动中的表现，关注点也会更多地落在教学过程的一些细节上。比如，自己的孩子上课时注意力是否集中？是否能回答上课时老师的提问？与其他孩子相比，是否能力更强？教师活动过程中是否给了孩子机会？孩子能否按照要求进行操作等。教师在教学过程中，应注意语言的风趣幽默，尽量调动孩子参与活动的兴趣；注意面向全体，把握现场调控，考虑细节处理，要根据孩子的个体差异进行难易程度不同的提问或操作，让每一个孩子都有机会展示自己，不要当众批评孩子，要使家长能够看到自己的孩子在幼儿园的正常表现，打消家长的上述疑虑。

活动二：整理书包

活动目标

(1) 尝试合作整理书包，初步养成有序摆放物品的好习惯。

(2) 进一步萌发学做小学生的愿望。

活动准备

(1) 歌曲磁带《上学歌》；书包每人1个。

(2) 每组桌上放有教科书、练习本、铅笔盒、铅笔、卷笔刀、橡皮、尺、餐巾纸、茶壶、毽子、绳子、食品等，数量不一；纸、彩笔每组1份。

活动过程

(1) 观察发现。

① 播放《上学歌》。

师：在刚才的活动中，我们找到了解决上小学担心问题的方法，过段时间小朋友就要成为快乐的小学生了。现在，听了歌曲以后心情怎样？歌曲中说了件什么事？

② 观看PPT。

师：原来是小学生去上学，去上学要背什么？可我们发现上幼儿园有的小朋友也会背上小书包，看看她们两个人背的包有什么不同？

③ 幼儿自由猜测讨论。

师：为什么上学要背书包呢？书包里要放些什么呢？

小结：原来书包是小朋友上小学后要每天背着去学校的东西，里面放的是小朋友学习用的书本、文具和用品，它是小学生的好朋友。

(2) 尝试整理。

① 出示物品。

师：有的物品是书包的朋友，有的不是书包的朋友，请小朋友

们学做小学生，帮忙整理书包啦！

②整理小书包并记录。

A. 请幼儿观察桌子上的物品并思考：哪些东西是上小学时必须要带的，想想为什么要带上这些；还有哪些东西是不能带到学校里去的，想想为什么不能带。

B. 小组合作整理并记录。(教师观察幼儿选择和记录的情况)

C. 引导幼儿思考怎样才能将书包的朋友放整齐，并用记录的形式表示出来。

③交流与分享。

A. 请幼儿边看记录边介绍：自己是怎么放的？这些表示什么？为什么这么放？讨论这样的办法好不好？有没有更好的办法？

B. 引导幼儿发现问题：有的书包里很乱，应该怎么办呢？

C. 重点引导幼儿讨论体育用品和书本放一起是否合适，为什么。

小结：因为书包的朋友有很多，所以小朋友上小学的时候，要每天整理好自己的小书包，养成分类摆放的好习惯。把文具用品放在一起，书放在一起，本子放在一起，生活用品放在一起，还有体育用品放在一起，这样就能很容易地找到自己想要的物品，还能爱护好书包里的这些东西。

(3) 延伸活动。

师：在我们的生活中，除了整理书包时要养成分类摆放的好习惯外，还有哪些地方也要这样？

(改编自：http://www.jy135.com/html/dabanhuodong/dabanzhutijiaoan/2013/0307/44904.html)

【分析与指导】本次活动是在上一节活动基础上的动手操作活动，也是针对孩子即将入小学、为做好幼小衔接工作而设计的系列活动之一，旨在从探索小学生书包里的秘密的过程中激发孩子向往小学生活的情感。良好行为习惯的养成是孩子学习成功的关键，学会整理书包也是入小学的一项最基本的要求。在活动中，教师充分发挥孩子学习的主动性——自我实践操作、自我发现、自我评价，使孩子能够大胆创新，探索不同而有效的整理书包的方法，充分体验到成功的喜悦。在整个活动中，每个孩子既有独立的空间，又有合作的机会，在实践中感受、总结，在探索中学习，较好地达成了活动目标。

但由于参与活动的家长不同，活动中可能会出现这些现象：因少数几个孩子看到家长在，便会对自己的要求松懈了，致使整个操作场面处于比较混乱的状态；有的家长看到孩子动作慢或无法整理好而上前帮忙；活动时，有的孩子可能不主动表现自己，就会有着急的家长在旁强制孩子等。教师应注意调控好现场局面，尽量让每一个孩子特别是内向的孩子能够大胆地表现自己，让每个孩子都有表现的机会，使家长感受到老师对每个孩子的关心和重视。针对上述现象，教师还可以在活动前有意识地考虑到这些因素的发生，告知家长，孩子长大了，不要过多地剥夺孩子自我服务的机会，要多创造机会养成其独立、自主、自助及认真、细致、坚持的良好行为习惯，这也是一名小学生的必备素养。

4. 户外亲子活动（10:20—10:50）

活动名称

过布河。

活动目标

（1）锻炼幼儿的平衡能力。

（2）培养幼儿勇敢克服困难的精神。

活动准备

宽一米左右的结实的长条幅或布带1根。

活动玩法

所有父母在条幅或布带两侧拉紧拉平,请所有幼儿从条幅或者布带的一端走到另一端。父母可以先蹲在地上,将条幅或者布带在膝盖位置拉平拉紧,请幼儿依次走过。此游戏可依次增加难度,将条幅或布带位置升至腰部、胸部。

注意事项

条幅或布带一定要结实。

(摘自:http://news.xinhuanet.com/edu/2012-11/26/c_124002296.htm)

【分析与指导】过布河是一项极富挑战性的游戏,一般情况下,幼儿园是无法实施的。该教师巧妙地利用家长开放日开展此游戏,可谓是天时、地利、人和。活动中,教师充分利用家长资源,让家长们充当持布者,家长们热情高涨,乐于担当,既保证了游戏的顺利进行,又保障了孩子的安全。游戏进行时,教师应不断地提醒家长抓紧长条幅或布带,确保孩子们安全顺利地通过。随着家长将条幅或者布带逐步抬高,对孩子身体的平衡能力的要求也越来越高,外加条幅或布带本身带给孩子的起伏感,可能会导致部分孩子产生惧怕心理,这时教师和家长应进行鼓励,并利用一些孩子的榜样示范帮助他们在一定程度上克服恐惧心理。通过活动,教师让每一个孩子都有战胜困难、挑战自我的勇气和信心,充分体会到成功的喜悦心情。

5. 专题讲座与交流(11:00—11:40)

讲座主题

和孩子一起充分做好入小学准备。

主讲人

江西师范大学附属小学易老师。

活动地点

四楼功能室。

活动目的

(1) 让家长了解孩子入小学前存在的问题。

(2) 让家长知道要为孩子做哪些准备。

讲座内容

(1) 小学与幼儿园有哪些不同？

- 生活环境不同；
- 师生关系不同；
- 教学方法不同；
- 社会要求不同；
- 作息制度不同。

(2) 怎样才算幼小衔接好了？

- 学习感兴趣；
- 活动能合群；
- 生活有条理。

(3) 如何做好孩子入学前的准备？

① 做好向往上小学的心理准备。

② 做好独立生活能力的准备。

- 培养孩子的自我独立意识；
- 培养孩子的生活自理能力；
- 养成孩子的良好习惯。

③ 做好物质上的准备。

④做好学习用品、生活用具的准备。

（4）互动交流：家长提出困惑，易老师现场解答。

【分析与指导】孩子从幼儿园进入小学，是人生经历中的一大步，更是孩子人生经历中的一大转折。孩子能否尽快适应这一转折，能否尽快顺利地度过幼小衔接这一关，将对其今后的学习和生活产生深刻的影响。

进入大班下学期，家长们最关心的莫过于"如何为孩子上小学做准备"。经过前面各环节活动的观摩和参与，家长已了解了一些粗浅的幼小衔接方法，但落实到具体的行动上，却还存在着许多的困惑。作为既是家长又是小学教师的主讲人，无疑会带给家长们更多的信任和期盼。讲座中，主讲人运用自己的亲身经历及孩子们的以往案例告知家长入小学前的各项准备以及一些基本状况，能给在座的家长实实在在的启示，可以帮助家长正确看待"幼小衔接"，缓解孩子即将升入小学的焦虑情绪，引导家长们为孩子的入学做好相应的准备。家园携手共同努力，帮助孩子迈好入学第一步。

第六章

家长开放日活动的评价

幼儿园是否对家长开放日活动进行评价？评价的主体是谁？幼儿园是否应该建立一套完整的家长开放日活动评价指标体系？这些评价指标究竟应该由哪些内容组成？评价的策略是什么？评价时又要遵循哪些原则？家长是否应该参与到这个评价指标体系的构建中去？这个评价指标体系的使用者除了家长以外，还应该有谁？园长、教师、幼儿是否也应该是这个评价指标体系的使用者？这些问题都将在本章得到阐述。

家长开放日活动评价是幼儿园教育的重要组成部分，对家长开放日活动起着质量监控和价值导向作用，能帮助幼儿园了解开放日活动的适宜性和有效性，从而调整和改进工作，促进每一个幼儿发展，提高教育教学质量。

评价是家长开放日活动中不可缺少的重要一环。评价幼儿园家长开放日活动的目的不是为了评比出"好教师"与"坏教师"、"好活动"与"坏活动"、"好班级"与"坏班级"、"好幼儿园"与"坏

幼儿园",而是为了提升幼儿园的保育和教育的质量,发挥园长、教师在家长开放日活动中的评价作用,引导家长、幼儿参与到家长开放日活动的评价中来。

目前,家长开放日活动开展得好坏还未成为幼教管理者衡量园长工作、办园质量的重要指标。因此,充分发挥评价的反馈调节功能,使外部质量监控和幼儿园内部不断追求开放日活动质量的完善相结合,以促进幼儿园课程建设与有效实施,就成为摆在幼教管理部门面前的一项紧迫任务。

一、评价的主体

家长开放日活动的评价主体主要是教师、管理者(如园长、幼教行政部门等)、家长和幼儿。《纲要》明确提出:"管理人员、教师、幼儿及其家长均是幼儿园教育评价工作的参与者。评价过程是各方共同参与、相互支持与合作的过程。"

家长开放日活动的评价者是由家长、教师、幼儿、园长、幼教管理者等共同组成的,教育团体的全部成员直接和间接地参与了评价活动,初步形成了多主体共同参与的评价制度,使幼儿园能从不同的渠道获取各种信息,改变了过去以园长为主的单一评价主体的现象,使评价过程成为各方共同参与、相互支持与合作的过程,逐步走上了教育过程民主化、人性化的发展之路。

(一)教师自评

《纲要》指出:"评价的过程是教师运用专业知识审视教育实践,发现、分析、研究、解决问题的过程,也是其自我成长的重要途径";

"幼儿园教育工作评价实行以教师自评为主,园长以及有关管理人员、其他教师和家长等参与评价的制度"。

教师由传统的被评价者发展为评价者,是幼儿教育改革的一大进步。至于如何实现教师的自评与他评相结合,如何让教师从被动接受评价转向主动参与评价,以及如何建立以教师自评为主的评价制度,形成促进教师自主发展的评价体系,是幼儿园面临的一个重要问题。

幼儿园要正确地看待教师在家长开放日活动中的作用,摒弃各种权威性的角色意识,要充分发挥教师在幼儿园家长开放日活动中的作用,鼓励各种民主化的角色行为。

幼儿园家长开放日活动教育教学情况反思

教师:_____ 班级:_____ 时间:_____ 领域:_____

教师自我评价	满意	较满意	不满意
注重幼儿的发展、能力的提高和良好行为习惯的培养			
目标明确、具体、有层次,符合幼儿实际			
内容符合本班幼儿的年龄特点			
教育内容具有针对性,难度与量适合			
活动组织有序,层次清晰,重点突出,做到动静交替			
利于调动幼儿的主动性、参与性和创造性,提供让幼儿自主操作的机会,有较好的活动常规			
既面向全体,又注重个别差异,师生互动、有效沟通的频率高			
注意观察幼儿,并根据实际情况做出恰当的反馈			
能根据幼儿的不同发展水平给予分类指导			
既注重知识技能的培养,又注重幼儿态度、情感、能力的发展			

续表

教师自我评价	满意	较满意	不满意
请对本次家长开放日活动进行简单总结：			

（二）管理者评价

园长是家长开放日活动的评价者。园长既要能从活动前的计划制订、准备工作、环境布置来评价教师，又要能从活动中的教师与家长的互动、师幼互动以及活动的组织实施情况来评价教师。

园长不仅要能采用观察法，对教师在活动中的教育教学行为进行评价，还要能通过谈话法、作品分析法，对教师在活动前、活动后的各种教育教学计划、反思资料进行评价。

可见，园长要重视质性评价，而不是量化评价，要使评价自然地伴随着整个教育的过程，这样有利于园长动态地了解教师的教育观念和教育行为。

此外，园长还要善于根据幼儿的发展情况和家长的参与情况来评价教师。

园长对教师组织开展家长开放日活动情况评价表

教师姓名：_____ 班级：_____ 时间：_____

评价内容	满意	较满意	不满意
重视家长开放日工作，认真制定活动方案			
开放日活动准备充分			
活动主题针对性强，能满足家长的需求			
活动内容符合本班幼儿的年龄特点			

续表

评价内容	满意	较满意	不满意
活动形式丰富多样，注重亲子互动			
关注自己与家长之间的积极互动			
班级家长积极参与开放日活动			
创设的环境洁净、温馨，传递出欢迎、重视家长的信号			
开放日活动资料积累详尽			

对该教师在本次家长开放日中存在的问题进行指导并提出建议：

园长签名：_____

（三）家长评价

　　家长作为幼儿教育的重要投资人，有权利对开放日活动进行评价；家长作为幼儿的第一任教师，有义务对开放日活动进行评价。现在的很多幼儿园不仅看到了家长的这些权利和义务，而且还创造条件让家长去履行他们的权利和义务，增强他们对幼儿园和教师教育教学活动的监控。虽然在由园长、教师、家长等组成的多元化的评价主体中，家长位居第一，但是现实当中也只有六成左右的家长成为开放日活动的评价者。因此，如何吸引更多的家长参与到评价中来，以增进家长对幼儿园教育教学活动的了解，形成家园教育的合力仍是值得幼儿园关注的问题。

　　家长参与幼儿发展评价，是家长参与教育评价的重要内容之一，也是学前教育评价主体多元化的必然要求。幼儿园要及时了解和反思家长对开放日活动的评价。教师应善于倾听家长的心声，了解家长对幼儿园开放日活动的不同看法、对班级环境布置的各种评论，并加以反思，吸取家长的合理化建议，以不断提升自己的专业发展水平。

家长对教师组织开展家长开放日活动情况评价表

班级：_____   时间：_____

评价内容	等次				评价
	A	B	C	D	
教师对本次活动的态度	认真	较认真	一般	不认真	
教师的言行举止、为人师表情况	好	较好	一般	差	
教师对班级孩子的关心、爱护程度	关心、爱护	较关心、较爱护	一般	不关心、不爱护	
教师对你孩子的了解程度	了解	较了解	一般	不了解	
教师公平、公正、一视同仁对待每一个孩子的情况	好	较好	一般	差	
你对教师设计的本次活动内容、形式的满意程度	满意	较满意	一般	不满意	
教师是否注重幼儿的全面发展	注重	较注重	一般	不注重	
教师组织开放日活动的能力	强	较强	一般	差	
活动中，教师对家长的关注、指导情况	关注、指导	较关注、较指导	一般	不关注、不指导	
你对教师在今天活动中的总体表现是否满意	满意	较满意	一般	不满意	

（四）幼儿评价

　　来自幼儿的评价，主要是通过班级教师与幼儿交谈来获得，目的在于了解幼儿参与活动的情绪和愿望。

1. 幼儿的情绪

比如，当问"今天/昨天，爸爸妈妈、爷爷奶奶、外公外婆，都来到我们班级，看我们小朋友进行的各项活动，和我们小朋友一起进行各项活动，你高兴不高兴？为什么"时，不同年龄班的幼儿，在表述自己"高兴"的理由时，体现出了一些异同点。

（1）小班幼儿认为自己"高兴"的理由主要是："奶奶看我做操"、"外婆陪我玩"、"我本领学得好"等。

（2）中班幼儿认为，自己"高兴"的理由主要是："妈妈可以跟我在一起"、"外婆来看我学本领"、"奶奶来看我学了很多本领"、"爸爸看着我学本领，说我吃点心吃得很快，做操做得很好，学本领很认真"等。

（3）大班幼儿说明自己"高兴"的理由主要是："和妈妈一起玩"、"奶奶会对爸爸说我进步了，会做游戏，会发言"、"他们可以看到我学习的情况了，我上课一直举手发言，回答得也很好，他们看到了会很开心，会为我骄傲的"等。

可见，开放日活动为幼儿和家长提供了在班级这个独特的舞台进行亲密接触的机会，能使幼儿和家长一起玩，充分展现自己优秀的一面，给家长留下良好的印象，因而令幼儿感到欢欣鼓舞。

2. 幼儿的愿望

当问幼儿"你想天天看到爸爸妈妈、爷爷奶奶、外公外婆在我们班级看我们小朋友的各项活动，和我们小朋友一起进行各项活动吗？为什么"时，不同年龄班的幼儿，在诉说自己"想"的理由时，表现出了一些异同点。

（1）小班幼儿说明自己"想"的理由主要有："妈妈天天看我做操"、"奶奶天天来看我学本领"、"和我玩积木"等。

(2)中班幼儿说明自己"想"的理由主要有:"爸爸最喜欢画画了,他可以和我一起画画"、"爸爸天天都能看到我这么好,回家告诉妈妈,让妈妈也高兴"、"妈妈天天看到我在幼儿园学什么本领,让妈妈高兴"、"奶奶看到我很棒的样子,回家表扬我"等。

(3)大班幼儿说明自己"想"的理由主要有:"他们来了,教室里很热闹"、"他们陪我一起玩"、"我能与妈妈一起讨论老师提出的问题,另外,妈妈来了,小朋友也喜欢我了"、"没有小朋友欺负我"等。

可见,幼儿是期待着能天天在班级看到大人,和大人一起玩耍的。家长开放日活动日常化是有儿童基础的。

二、评价的内容

对家长开放日活动进行评价,可以了解活动各方面的情况,从而判断活动的质量和水平、成效和不足,为今后的开放日活动积累经验。因此,评价的内容需关注客观性和全面性。

(一)关注活动内容

现在,幼儿园在每次的家长开放日活动中都会给每位家长发放一份活动观察评价表,家长要了解孩子进行的活动内容和完成标准。幼儿园家长开放日的表格一般包括家长观察的内容、活动的每个环节,指明了家长在这个环节要重点观察孩子的哪些表现、哪些行为,甚至细致到孩子有可能出现的行为以及家长应该有的行为和对策。家长在拿到表格后要仔细地理解表格中每个条目的意思,不明白的地方要多与教师沟通。

（二）关注活动形式

在对家长开放日活动进行评价时，幼儿园教师应转变自身的观念，拓展家长开放日的活动范畴，向家长展现游戏、区角、体育、生活等丰富多彩的活动形式。这不仅可以使家长全方位地了解幼儿的在园生活，也有利于家长树立正确的教育观与价值观，走向科学育儿的道路。同时，家长可以借鉴教师在游戏、区角、生活等活动中的组织与指导方式，在家庭中指导幼儿的游戏，让幼儿养成良好的生活习惯，培养幼儿的意志、情感。

（三）关注教师的组织行为

在评价开放日活动时，要注意教师的组织行为。教师作为家长开放日活动的执教者，应全身心投入，给予每个幼儿自主表现的机会，注重对活动全程与个体的观察，适当刺激、鼓励、点拨、引导幼儿，注重体现自身支持者、引导者、合作者的角色身份。

教师们应认真、积极地进行活动前的准备工作。从教具制作、幼儿操作材料的准备到班级教师各自工作内容的分工，都体现了教师对自身工作的深入、细致、周到的思考与理解。

教师还要充分考虑幼儿的兴趣、需要，设计各种开放性活动内容，为幼儿提供与教师共同探索、观察、发现、记录的支持性机会，为幼儿的主体活动提供保障。

（四）关注教师与幼儿的互动行为

家长开放日活动的评价内容要关注教师与幼儿的互动行为。师幼互动是一种交互作用和相互影响的过程。通过家长开放日活动的评价，幼儿园要了解实施师幼互动的关键和目的到底是什么。师幼间互动的目的是为了促进师幼双方特别是幼儿的学习、认知水平的提高和社会性的发展。《纲要》明确提出："关注幼儿在活动中的表现和反应，敏感地观察他们的需要，及时以适当的方式应答，形成合作探究式的师幼互动。"实施师幼互动的关键就是要了解幼儿的发展水平，从幼儿生活实际和年龄出发，坚持"让幼儿跳一跳够得到"的教育原则，激发幼儿的认知冲突，引发幼儿强烈的兴趣和求知欲，让他们通过自身的实践和心理、情感体验，提高分析、解决问题的能力，唯其如此，才能使幼儿进入积极学习的状态。家长开放日活动的评价就要关注到这些内容。

（五）关注教师与家长的互动行为

幼儿园家长开放日活动是教师与家长沟通、合作、分享的坚实平台，是促进教师与家长、幼儿共同成长的重要形式。教师和家长应该是一个以促进幼儿发展为目的的学习共同体，家长在这个共同体中也应该获得不断的成长与发展，获得更多的教育幼儿的理论、经验、方法等。因此，作为专业的教育工作者，教师应该更多地探索适合家长参与教育活动的内容和形式，在具体的家长开放日活动中，设计便于家长参与的教学内容和方法，提高家长的参与度，为家长参与幼儿发展评价提供事实依据和亲身感受，为促进家长的教育评价能力打下现实的基础。比如，与家长志愿者合作组织参观活动或社会实践活动；让家长参与幼儿的科学探索活动，与孩子一起进行研究型学习；开展亲子游戏活动，提高家长对游戏价值的认识和游戏指导能力等。

家长们能参与到活动中，了解活动、配合活动、分享活动经验，并建议丰富活动内容，拓宽活动形式；教师则照顾不同家长的不同情况，以便使活动更有实效。这些都可以在评价表中反映出来。通过各种形式的家长开放日活动评价调查统计，教师了解到家长需要的开放时间、家长关注的开放日活动内容、不同类型家长对"家长开放日"的不同需要。

（六）关注幼儿参与活动的状态

评价时，要关注幼儿参与活动的状态。在整个家长开放日活动中，孩子们完全融入到课堂学习中，积极参与，课堂气氛活跃。幼儿参与活动兴趣大，大部分幼儿能根据教师提供的材料进行自我尝试，孩子之间有适度的互动与联系，活动成果显性因素不明显，但活动的外部操作与心智活动体现较明显。

（七）关注家长参与活动的状态

在家长开放日活动中，家长出席率都很高，他们早早就来到幼儿园，和自己的孩子一起上课、活动，亲身感受教与学互动的过程，身临其境地去观察孩子们的学习状态，了解孩子们学习的成效。家长们用心倾听，并时刻关注着孩子们的表现。在活动中，家长的各种表现影响着开放日的质量，更影响着孩子们的表现。

家长参与式评价，优化了家长开放日的意义。通过这些评价指标，家长明确了该看什么、该怎么看，如何记录和评价，在参与开放日活动中不再处于茫然的状态。由于活动前教师与家长的适时沟通，家长对开放日活动的目的和内容都已经明确，所以在倾听、观察与评价中能如实地记录孩子在活动中的各种表现，如言语、表情、行为、动作等，增强了评价的客观性和科学性。

提高家长开放日的质量，需要充分了解家长的关注点与需求，在此基础上帮助家长多角度、多途径地了解幼儿园的教育教学活动和幼儿在园生活等情况，提高家长在开放日活动中的参与度，使家长获益、教师获益、幼儿获益。

（八）关注家长关注自己孩子的状态

在家长开放日活动中，家长总是认真地观看，特别关注自己孩子的发言情况、操作情况、表达情况。在观看孩子活动时，家长更多的应该关注孩子整个活动的过程，深入地了解孩子在活动中运用了哪些策略、方法，以及这些方法运用得对不对、好不好，有没有更好的方法等，不要只重结果，更不要拿自己的孩子和别的孩子比。而当家长真正关注到孩子活动过程的时候，会发现自己指导策略的"枯竭"，会发现以前认为理所当然的一些方法在孩子面前就是行不通。对于家长的这些表现，教师要给以特别的关注，根据具体情况与家长进行交流，并及时地帮助和指导他们解决问题。

三、评价的原则

对幼儿园家长开放日活动进行评价，旨在梳理总结活动中的亮点及存在的问题，为今后开放日活动质量的提升奠定基础。评价过程中，应遵循客观性、科学性、过程性、发展性、前瞻性的原则。

（一）客观性原则

客观性原则是指在对家长开放日活动进行评价时，要采取实事求是的科学态度，依据客观标准评价家长开放日活动的内容、形式、活动组织者与参与者，不能凭主观意愿或个人的好恶，随心所欲地进行评价。

坚持客观性原则是保证评价结果真实、有效的前提。

遵循客观性原则应注意以下三点：

1. 选择可靠的评价指标体系

在对家长开放日活动进行评价时，要注意评价指标体系的可靠性和客观性，要经过科学程序编制，并在实践中经反复验证且被证明是有效的评价工具。

2. 评价标准具有统一性

要使用统一的评价标准来评价，不能因评价对象不同使用不同的标准，或对评价标准进行改动。

3. 对幼儿园、教师、幼儿的评价要科学

要根据搜集到的家长开放日评价信息对幼儿园、教师、幼儿进行价值判断，不能凭主观印象或个人情感对某些孩子或教师给予较高评价，而对另一些孩子或教师给予较低评价。

（二）科学性原则

科学性原则是指家长开放日评价指标体系的构建、评价的实施过程和方法的选择，都要符合实际。评价的目的是获取能够反映评价对象真实具体表现的信息，为进一步提高家长开放日活动质量提供有价值的建议和意见。在设计家长开放日活动的具体项目时必须符合科学性。

坚持科学性评价原则，具体要注意以下几点：一要把握评价信息的客观性，切忌主观臆断；二要把握信息的全面性，切忌依据片面的信息做出结论；三要切忌评价者根据自己对评价对象的了解和认识定位被评者,从而使评价"移位";四要尊重被评者个体的差异性,切忌一个标准、一种方法、一种模式的一刀切。

(三)过程性原则

关注结果的评价是终结性评价,是面向过去的评价,而关注过程的评价则是形成性评价,是面向未来的评价。所以,在构建家长开放日活动的评价体系时,应该把终结性评价与形成性评价有机地结合起来,从关注结果的评价逐步转向关注过程的评价。

《纲要》指出:"评价应自然地伴随着整个教育过程进行。"家长开放日活动中对幼儿的评价应该体现在家长开放日活动的整个过程,对幼儿的点滴进步应采用正面、及时、肯定、鼓励、表扬的语言和动作,让评价工作及时体现在整个家长开放日活动的过程中,让幼儿在赞扬声中健康、活泼地成长。

(四)发展性原则

评价是为发展服务的,对家长开放日活动的评价,不只是为了检查、甄别、选拔、评优,更重要的是为了激发教师发展的内在动力,促进教师和家长、幼儿的共同成长。因此,幼儿园在制定评价标准时,应该重视评价的发展功能,淡化评价的定级功能。

(五)前瞻性原则

前瞻性原则是指对家长开放日活动进行评价时要注重发展前景的期待及规划,要有预见能力,能准确判断即将到来的形势或者即将发生的事件,并进行相关的策划。

四、评价的方法

作为家园沟通的一种重要形式,幼儿园在家长开放日活动中或结束后,可以有针对性地采用问卷、观察、分析、谈话等方法,对整个活动进行反思与评价。

(一)问卷法

问卷法是幼儿教育研究中最常用的资料收集方法。家长开放日活动的评价也可以通过问卷法,初步了解幼儿园教师、园长、家长对家长开放日活动的基本看法和具体做法。

采用问卷法时,不要求评价者填写姓名,而只要求他们回答问题,能减轻他们的心理压力,使他们能如实地回答各个问题。每个评价者得到的问卷都是相同的,受到的影响也是相同的,这样就能减少调查资料中的误差,真实地反映评价者的情况。问卷调查所得到的资料易于转换成数字,便于进行量化处理和分析,而且问卷可以在同一时间发放给许多评价者,能节省评价的时间和人力。

"幼儿园家长开放日活动"家长调查问卷

亲爱的家长朋友:

您好!感谢您对我们工作的支持,配合宝宝共同完成了"有趣的脸谱"活动。为了能更好地开展家长开放日活动,让家园共育收到更好的效果,请您协助真实地填写此表,署不署名均可,填写后请投进问卷箱。谢谢您的支持!

1. 您觉得您的宝宝对于活动是否感兴趣?

非常感兴趣( ) 一般( ) 不感兴趣( )

续表

> 不感兴趣的原因：_____
>
> 2. 您觉得活动是否对您有吸引力？
>
> 非常喜欢（ ） 一般（ ） 不喜欢（ ）
>
> 不喜欢的原因：_____
>
> 3. 您觉得您的宝宝在绘画技能方面是否有提高？
>
> 很大提高（ ） 一般（ ） 没有（ ）
>
> 4. 教师对幼儿的指导是否到位？
>
> 是（ ） 一般（ ） 不好（ ）
>
> 5. 您觉得教师给您的指导是否对您有用？
>
> 非常有用（ ） 一般（ ） 没用处（ ）
>
> 没用处的原因：_____
>
> 6. 活动对您的家庭美术教育是否有启迪？在活动后您会怎么做？
>
> 7. 您还有哪些建议和意见？
>
> 中二班

（二）观察法

观察法是幼儿教育研究中最独特的收集信息的方法。通过对家长开放日进行感知后再评价，有助于深入了解幼儿园家长开放日活动的实际情况。

通过观察，可以直接了解整个家长开放日活动的现场情况，感受当时当地的情景和气氛，获得第一手资料；在自然环境中进行观察，对观察对象的干扰比较少。这样不仅可以对使用语言文字容易沟通的对象进行观察，也可以对使用语言文字难于沟通的对象（如幼儿）进行观察，甚至还可以边观察边录音或边录像，获得详细、可靠的视听资料，为客观地评价家长开放日提供依据。

幼儿园和教师应就具体的家长开放日活动制定观察、记录和评价指标，并就具体的观察指标、评价标准在活动前对家长开展相关的培训和指导活动。

比如，幼儿园可以把相关的评价材料和评价内容上传到幼儿园网站上，事先让家长明确开放日活动的内容、目的和意义，通过这些评价指标明确该看什么、该怎么看，明确记录和评价的要求——要如实、客观地记录孩子在活动中的各种表现，包括言语、表情、行为、动作等，以增强评价的客观性和科学性。

"幼儿园家长开放日活动"观察记录提纲

观察时间：_____观察地点：_____观察记录者：_____

1. 家长开放日活动时，幼儿园的环境布置如何？

（1）幼儿园的大门、入口处、公告栏等全园共用的地方是否张贴着欢迎家长的标语？

（2）幼儿园的大门、入口处、公告栏等全园共用的地方是否张贴着家长开放日活动安排的具体信息？

2. 家长开放日活动时，班级的环境布置如何？

（1）班级门口、"家园之窗"上是否贴有欢迎家长的标语？

（2）班级门口、"家园之窗"上是否贴有家长开放日活动安排的具体信息？

3. 家长开放日活动时，班级的各种活动的安排如何？

（1）生活活动、游戏活动、教学活动、体育活动、自由活动的前后顺序如何？

（2）生活活动、游戏活动、教学活动、体育活动、自由活动各自所占的时间如何？

（3）生活活动、游戏活动、教学活动、体育活动、自由活动分别在哪些地方进行？

（4）生活活动、游戏活动、教学活动、体育活动、自由活动

续表

分别由谁来组织？ （5）生活活动、游戏活动、教学活动、体育活动、自由活动是如何组织的？ 4．家长开放日活动时，教师的表现如何？ （1）教师的着装打扮如何？ （2）教师的言谈举止如何？ 5．家长开放日活动时，家长的表现如何？ （1）家长的着装打扮如何？ （2）家长的言谈举止如何？ 6．家长开放日活动时，幼儿的表现如何？ （1）幼儿的着装打扮如何？ （2）幼儿的言谈举止如何？ 7．家长开放日活动时，教师、家长、幼儿之间的相互交往如何？ （1）教师和幼儿之间的相互交往如何？ （2）教师和家长之间的相互交往如何？ （3）教师和教师之间的相互交往如何？ （4）家长和幼儿之间的相互交往如何？ （5）家长和家长之间的相互交往如何？ （6）幼儿和幼儿之间的相互交往如何？ 8．还有什么事件发生在家长开放日活动中？

（三）分析法

分析法，是指从幼儿园获取与家长开放日活动有关的任何形式的信息，来评析幼儿园家长开放日活动的发展情况。

这些信息包括：园长有关幼儿园家长开放日活动的计划，教师有关幼儿园家长开放日活动的教案，家长有关幼儿园家长开放日活动的日记、信件，幼儿有关家长开放日活动的绘画、手工制作，幼儿园有关家长开放日活动的记录、报告、给家长的通知、邀请信和评价表,幼儿园自编的有关家长开放日活动的报刊、书籍,幼儿园自拍的有关家长开放日活动的照片、录像带和光盘等。

××幼儿园家长开放半日活动安排表

年龄段	班级	活动内容	指导内容	执教教师
大班	苹果班(209教室)	区角活动中的学习	指导家长正确认识孩子在游戏中的学习	刘老师
	樱桃班(107教室)	区角活动中的学习		徐老师
中班	芒果班(207教室)	集体活动中的学习——"爱心熊"	指导家长正确评价孩子学习的有效性	吴老师 陆老师
	葡萄班(105教室)	集体活动中的学习——"Some Animals"		康老师 马老师
	菠萝班(203教室)	集体活动中的学习——"我的本领大"		李老师
小班	柠檬班(309教室)	家长进课堂——"我是小警察"	指导家长充分认识家庭资源的可利用性	家长 金××
	蜜桃班(101教室)	家长进课堂——"认识煤气"		家长 周××

从上面这张表格中,我们可以看出如下几个特点:

(1)年龄特性明显。这所幼儿园包括三个年龄班,不同年龄班向家长开放活动的"内容"不同(大班是在区角活动中的学习,中班是在集体活动中的学习,小班是家长进课堂);不同年龄班对家长的"指导内容"不同(大班重在指导家长正确认识孩子,中班重在指导家长正确地评价孩子,小班重在指导家长充分认识自己的作用)。

(2)班级特性易见。同一年龄段包括2~3个班级,不同班级向家长开放活动的具体"内容"有所不同,比如,中班3个班的内容分别是"爱心熊"、"Some Animals"、"我的本领大",小班2个班的内容分别是"我是小警察"、"认识煤气"。

(3) 学习特性很强。与其说幼儿园是在向家长开放半日活动，还不如说是幼儿园在向家长开放学习活动，"学习"一词在"活动内容"和"指导内容"两栏中多次出现。

(4) 家长特性较强。在表上的5个栏目中，有两个栏目与家长密切相联，比如，在"指导内容"一栏中，具体说明了对不同年龄班幼儿家长进行指导的不同内容；在"执教教师"一栏中，明确指出了两个小班的执教者都是幼儿的"家长"。

（四）谈话法

谈话法是幼儿教育研究中最普遍的收集资料的方法，通过交谈，可以深入了解幼儿园家长开放日活动的基本情况。采用谈话法，是因为它具有如下几个优点：

(1) 可靠性：当访问对象对访问者提出的问题不理解时，访问者可以立即解释；当访问对象对问题的回答不完全时，访问者可以及时追问。

(2) 丰富性：通过访问者与访问对象的相互作用，能够获得大量而深刻的资料。

(3) 个体性：访问者与访问对象的互动是否能达到预期的效果，在某种程度上取决于访问者的人际交往能力、访问技巧和对访问过程的有效控制程度。

(4) 广泛性：既可以对文化水平较高的访问对象进行访谈，也可以对文化水平较低的访问对象进行访谈。

"幼儿园家长开放日活动"幼儿访谈提纲

访谈时间：_____ 访谈地点：_____

访谈对象：_____

小朋友：

你好！我是客人老师李老师，我想问你两个问题，请你回答我，好吗？谢谢你的帮助！（教师注意把谈话时间控制在 5 分钟以内）

1. 昨天/前几天，爸爸妈妈、爷爷奶奶、外公外婆，都来到我们班级，观看并和我们小朋友进行各项活动，你高兴不高兴？为什么？

（1）高兴　　（2）不高兴

原因：_____

2. 你想天天看到爸爸妈妈、爷爷奶奶、外公外婆在我们班级观看我们小朋友的各项活动，并和小朋友一起活动吗？为什么？

（1）想　　（2）不想

原因：_____

综上所述，幼儿园家长开放日活动已受到了幼儿、家长、教师、园长、其他岗位幼教工作者的普遍欢迎，认识到这一点是非常重要的，因为"评价必须反映参与到幼儿园中来的父母、保教人员、儿童的主观感受"。由于家长开放日活动的评价对开放日的实施起着重要的导向和质量监控的作用，加上"系统的、客观的、有效的评价应该是一个持续的过程"，所以，幼儿园要通过评价来反思幼儿园开放日的优势和弱点，制订新的改进计划，建立幼儿、家长、教师、园长、专家共同参与的评价制度，增强评价主体之间的相互作用，把形成性评价与终结性评价有机地结合起来，促进开放日活动质量的不断提高。

幼儿园可以制定一系列完整的开放日活动的评价体系,重视评价的诊断和发展功能,既要有供家长使用的操作性很强的简明扼要的指标,也要有供教师使用的理论性较强的评价指标。当然,这个系列的评价指标的制定必须在相关理论指导下,在幼儿园长期实践的基础上,由幼儿园管理者、教师、家长、主管部门等人员共同努力,才能最终形成和完善。

参考文献

【1】黄爱铭. 公平视野下家长半日开放活动的问题及其对策 [J]. 早期教育：教育科学版，2011（10）.

【2】金学英. 家长开放日活动中存在的问题及其对策 [J]. 学前课程研究，2008（Z1）.

【3】李生兰. 家长开放日活动评价的初步研究 [J]. 幼儿教育：教育科学版，2007（6）.

【4】李生兰. 家长开放日活动形式与内容的现状研究 [J]. 幼儿教育，2007（19）.

【5】李生兰. 幼儿园家长开放日活动的研究 [D]. 上海：上海师范大学，2007.

【6】李生兰. 园长在幼儿园家长开放日活动中的角色探析 [J]. 上海教育科研，2007（11）.

【7】李生兰. 幼儿园家长开放日活动的研究 [M]. 上海：华东师范大学出版社，2008.

【8】李适. 幼儿园家长开放日：家园合作的长效机制 [J]. 教师，2012（29）.

【9】李淑云.增强家长开放活动的实效性[J].山东教育,2010(36).

【10】倪牟双,主编.家长开放日的活动设计与组织[M].北京:中国轻工业出版社,2012.

【11】阮爱新,等.如何策划家长开放日活动主题[J].幼儿教育,2007(19).

【12】阮艳燕.如何开展幼儿园家长开放日活动[J].课程教材教学研究,2011(2).

【13】王俊琴.浅谈幼儿园家长开放日活动的价值取向[J].科教文汇,2011(7).

【14】王开琳.家长开放日活动现状研究[J].科学大众,2008(8).

【15】王树红.家长参与幼儿发展评估的实践与反思[J].学前教育研究,2003(Z1).

【16】吴邵萍.家园共同体的建构——幼儿园家长工作的方法与策略[M].北京:教育科学出版社,2010.

【17】吴晓兰,李生兰.在开放日活动中提高家长的评价能力[J].学前教育,1999(10).

【18】徐莹莹.从独唱走向合唱——幼儿园家长开放日活动现状研究[D].南京:南京师范大学,2008.

【19】晏红.幼儿教师与家长沟通之道[M].北京:中国轻工业出版社,2012.

万千教育 学前教育类书目

书号	书名	著、译者	定价(元)
幼儿园教师专业成长指导			
2547	认识婴幼儿的游戏图式	张晖 等译	48.00
2113	做会沟通的幼儿教师	胡剑红 等主编	38.00
2236	幼儿园文案撰写规范与技巧	刘敏 等著	52.00
2311	幼儿园探究性环境创设（四色）	康丹 等译	48.00
2056	小脑袋，大问题（四色）	孟晨译	48.00
2309	破解幼儿园教师的90个工作难题	杜长娥 徐钧 主编	52.00
2112	幼儿园优质教研活动设计方案	朱清 等著	38.00
1781	给青年幼儿教师的建议	吴邵萍 著	40.00
8470	答新手幼儿教师120问	刘洪霞 主编	28.00
1798	幼儿园新手教师指导手册	王芳 等著	48.00
1783	从新手到骨干——幼儿教师专业成长故事	尹坚勤 编著	42.00
1780	幼儿教师追求幸福的方法	余胜兰 著	42.00
9111	做个幸福快乐的幼儿教师 ——为你的专业成长支招	莫源秋 著	28.00

9047	幼儿教师临场应变技巧60例	冯伟群 著	25.00
8930	幼儿教师易犯的150个错误	伍香平 编著	32.00
0070	幼儿教师必知的礼仪规范	向多佳 编著	38.00
9611	幼儿园教师必知的60条教育政策与法规	洪秀敏 编著	34.00
幼儿园教师专业成长指导系列合计			681.00
幼儿园教师教学技能与活动指导			
2727	从头到脚玩绘本（全彩）	董旭花 张海豫 主编	78.00
2253	理解儿童心理从绘画开始（全彩）	陈侃 著	38.00
0760	幼儿园备课·说课·听课·评课	俞春晓 等 著	42.00
9499	幼儿教师必须修炼的10项教学技能	俞春晓 著	25.00
9454	幼儿园教学诊断技巧与对策58例	王春燕 等 著	38.00
9612	幼儿园综合主题活动 ——设计技巧与优秀案例	赵旭莹 等 主编	42.00
1235	幼儿园绘本美术活动创意设计（全彩）	郭莉萍 赵福云 主编	68.00
9323	幼儿园美术活动创意设计（全彩）	罗梅 赵福云 主编	56.00
0180	给幼儿教师和家长的81条美术教育建议（全彩）	李力加 著	62.00
9150	幼儿园节日活动精彩设计方案	刘洪霞 主编	35.00
9590	幼儿园语言活动创新设计	郭咏梅 著	32.00

……
欲了解更多图书信息，请登录：www.wqedu.com
联系地址：北京市西城区三里河路6号院2号楼213室　万千教育
咨询电话：010-65181109，65262933

*本目录定价如有错误或变动，以实际出书为准。